编委名单

主　编　郑文山

副主编　林向义

成　员（按姓氏笔画顺序）

王作铁　史震雷　祁萱　李　平

沈小龙　罗晰文　周兴平　郑　强

郑晓云　胡兴莉　翁琴雅　戚迪明

敬　坤　舒馨月　雷　芹

山区**共富**看衢州案例集

郑文山　主编

ZHEJIANG UNIVERSITY PRESS
浙江大学出版社
·杭州·

图书在版编目(CIP)数据

山区共富看衢州案例集 / 郑文山主编. —杭州：
浙江大学出版社，2023.6
ISBN 978-7-308-23559-4

Ⅰ.①山… Ⅱ.①郑… Ⅲ.①山区－共同富裕－案例
－衢州 Ⅳ.①F127.553

中国国家版本馆 CIP 数据核字(2023)第 039143 号

山区共富看衢州案例集

郑文山　主编

责任编辑	胡　畔(llpp_lp@163.com)	
责任校对	赵　静	
封面设计	周　灵	
出版发行	浙江大学出版社	
	（杭州市天目山路 148 号　邮政编码 310007）	
	（网址:http://www.zjupress.com）	
排　版	浙江时代出版服务有限公司	
印　刷	广东虎彩云印刷有限公司绍兴分公司	
开　本	710mm×1000mm　1/16	
印　张	10	
字　数	160 千	
版 印 次	2023 年 6 月第 1 版　2023 年 6 月第 1 次印刷	
书　号	ISBN 978-7-308-23559-4	
定　价	68.00 元	

前　言

共同富裕是社会主义的本质要求,也是人民群众的共同期盼。在迈向共同富裕新征程中,以习近平同志为核心的党中央赋予浙江高质量发展建设共同富裕示范区的历史使命,为新发展阶段的浙江注入了强劲动力。共同富裕不仅是社会发展概念,更是一场以缩小地区差距、城乡差距、收入差距为标志的社会变革。

衢州是一座历史悠久、底蕴深厚的城市,东南阙里、儒风浩荡,四省通衢、五路总头,具有深厚的历史文化积淀。衢州着眼于乡村高质量振兴和共同富裕主题主线,坚持"三生"融合,聚焦"五化十场景",以未来乡村建设为示范,着力打造以人为核心的乡村现代化基本单元,建设宜居宜业和美乡村已成为推动乡村高质量振兴和共同富裕的有效路径和重要平台,也是中国式现代化衢州实践的有益探索。

衢州目前已形成了以龙游县溪口镇为代表的"一镇带三乡"区域合作共富模式、以新槽村为代表的"致富—增富—共富"三维递进式党建共富模式、以江山市枫石村为代表的"生态湖羊"产业共富模式、以大陈村为代表的"村歌治村庄"精神共富模式,以常山县同弓乡为代表的工商资本下乡、政企村协同共富模式。实践表明,衢州以党建为统领,创新打造共同富裕基本单元,因地制宜发展特色优势产业,拉长特色产业生态链,聚焦建链补链强链,推动全产业链增加附加值,大幅度增加了村集体收入,促进了农民就业和增收,实现了从"输血"到"造血"的转变。

为更好地凝练特色,形成山区共富发展经验,我们选取了12个典型案例汇编成《山区共富看衢州案例集》,打造山区共富的衢州样板,为衢州建设四省边际中心城市、争当"两个先行"示范区提供实践借鉴。

为了使本次调研成果更好地展现衢州共富模式,衢州市委改革办、衢州市农业农村局、衢州市社科联、衢州市新闻传媒中心等单位共同行动,并在此次调研过程中提供了很多支持与帮助,各乡镇基层干部在调研过程中积极配合,提供了大量有益的案例素材,本编写组在这里表示衷心感谢。

目　录

•　1　•

政企村协同共富模式

党建引领共富模式

大街乡新槽村片区探索"致富—增富—共富"三维递进式山区共富模式

摘要： 大街乡新槽村位于龙南山区，距龙游县城40千米，位于大街乡漫行旅游区东侧，属旅游区的范围。新槽村曾先后获评中共衢州市委先进基层党组织、中共龙游县委先进基层党组织、美丽乡村建设先进单位、衢州市民主法治村、衢州市文明村、衢州市卫生村、衢州市美丽乡村精品村、浙江省 AAA 级景区村、省级休闲旅游示范村、省级文明村。

新槽村党支部积极谋划项目，抓住下山脱贫政策，规划建设了省级农房改造小区，收储有价值的黄泥房并进行改造提升，推动休闲农业发展。新槽村充分利用自然优势，大力发展梯田旅游项目。因地制宜种植芍药、覆盆子（套种黄精）等中药材，依托"村集体＋企业＋农户"的运营模式，带动农民增收，为农户提供技术服务。

大街乡及下属新槽村片区在致力共富的探索中，以新槽村为支点，以村带乡，村村联合，整乡抱团，经过多年实践，探索出了共富三部曲模式，即"致富—增富—共富"三维递进式共富模式，将党建统领、产业支撑、跨村集成三个层面的效用极大化为共富效应，或可作为山区共富的普遍样板进行推广。

关键词： 党建统领；产业招引；共富三部曲

一、背景情况

近年来,新槽村党支部积极谋划项目,抓住下山脱贫政策,规划建设了省级农房改造小区,目前,小区共有90户农户集聚。同时收储有价值的黄泥房并进行改造提升,推动休闲农业发展。新槽村充分利用自然优势,大力发展梯田旅游项目;积极与上级部门对接,实施景观提升、旅游公厕、古法造纸馆、农房风貌改造提升、农村公路提升改造拓宽、垃圾循环超市、一米菜园洁净庭院等多个项目,大力改善和提升全村基础设施、村庄环境,参观游客络绎不绝,农家乐民宿和相关配套设施正在有序推进。现在全村共有民宿24家,每年接待游客2万余人。曾被评为"浙江省AAA级景区村""省级休闲旅游示范村""市级民宿集聚村"。2021年,被中共浙江省委评为省级文明村,被定为省市职工疗休养基地(图1)。

2017年至今,依托神农谷田园综合体项目,新槽村共流转土地约5000亩,

图1　春天的大街乡

种植芍药、覆盆子(套种黄精)等中药材,村集体以土地资源入股,每年保底分红20万元。依托"村集体＋企业＋农户"的运营模式,带动农民增收,为农户提供技术服务,联结农户100余户,解决当地农民就业300余人,人均增收3800元。解决了大量闲置劳动力的就业问题,真正实现了不出村就能挣钱,增加村民收入。新槽村也被市、县两级评为土地整村流转示范村。

大街乡及下属新槽村片区是浙江一片没有核心市场化资源和区位依托的山区,面临发展基础薄弱和发展困境突出这一浙江山区26县大部分山区乡村的共性问题。也正因为如此,其高质量发展和共同富裕的成功路径探索具有作为样本解析和推广的普遍意义。

二、主要做法

(一)特色党建总领共富三部曲

1.党建统领绿色产业致富。大街乡坚持党建统领在实现产业兴旺中的实效作用,扎实推动绿色产业高质量发展,探索绿色共富实践新路径。一是做精"一味药",让老产业焕发新生机。通过数字赋能、科技赋能,大力推进中草药产业数字化发展,建成中草药产业大数据云平台、一体化加工仓储中心,实现4150亩中草药种植基地数字化、智能化、精准化管理全覆盖。将林下种植的2200亩竹山打造成林下经济示范带,带动传统笋竹产业转型,实现"一亩山万元钱"。鼓励企业研发中草药代用茶、保健型养生饮料食品、中医药化妆品等10多类产品。大力推进中草药销售网络直播,畅通线上销售渠道,开展"村书记带货""芍药花宝"等一系列直播,已上线上海紫薇医生直播平台。二是盘活"一间房",让好生态实现新价值。方旦祝家古村历史悠久,村落依山而建、风景独特,古村落群保存完整,被列入中国传统村落名录。为发掘、保护、传承和利用好这些不可再生的历史文化遗产和潜在文化旅游资源,联合北京五道集团,通过"企业＋古村"模式,推行"四统一"发展模式,将整村改造提升,同时保留村落原有的布局、黄泥房建筑体系等,打造城郊生态田园综合体,让20多幢黄泥房变成农民增收资产。目前投资 7300 万元的祝家古村落高端民宿项目已基本达成协议。三是深耕"一块地"，让小平台迸发新动能。大力推进土地资源高效利用，向空间要土地，向土地要效益。在党史学习教育"五个我为"专题实践活动中，经过多渠道发力、多举措推进，抓住国土空间规划调整及全域土地整治项目申报契机，为企业解决建设用地指标紧缺问题。目前高端民宿中医康养基地建设项目初步落地，投资 650 万元的万亩药园加工研学基地项目（新槽村物业综合楼项目）完成设计，上报立项，为中草药产业链延伸和发展打下更加坚实的基础。

2.党建引领三全联动增富。大街乡坚持党建引领"全域化""全产业""全方位"三个向度的联动融合，突出点上示范、线上建强、面上拓展，以全域党建推动全域发展。一是聚焦"全域化"布局，共绘乡村"美丽画卷"。为发展壮大村集体经济，全乡抓住全域旅游发展机遇，通过充分挖掘各村的产业优势、生态优势、资源优势，依托大街酥饼、杨村炒面、晴露绿茶等特色美食，大力发掘龙游商帮纸王傅暹的傅家纸槽文化，以及杨村竹马舞、方旦舞龙等传统民俗。并进行村际联手，围绕"一轴、两翼、三区"全域化布局，以潼溪为主轴线，建立贺田模式展示—晴露绿茶茶园—"神农谷"药园综合体—大街村红军标语墙—横坑铜钵山游步道—方旦祝家古村落生态度假村旅游小环线，构建业态优、生态好的美丽山水新格局。全乡 8 个村经营性收入率先完成 20 万元目标，其中新槽村经营性收入 50 万元以上，实现 100％消薄。二是聚焦"全产业"联动，点燃致富"动力引擎"。紧盯产业发展的基础支撑作用，成立中草药产业党建联盟，系统构建"1142"组织架构，即一个中心、一个活动主阵地、四个抱团党组织及两大生态优势，充分发挥政策支持、资源整合等优势，形成"村企协同发展"新模式，实现组织共建、资源共享、产业共兴。目前党建联盟辐射 7 个村，联结农户 238 户，解决农民就业 310 人，年均发放劳务工资 400 余万元，人均增收 3800 元，村集体年均获益 30 万元。三是聚焦"全方位"帮扶，谱写发展"美好蓝图"。能人乡贤"搭把手"，共富之路"一起走"，通过打造村民议事厅，利用春节、国庆等乡贤返乡契机，邀请乡贤、村民为村集体经济发展、项目建设、旅游开发投资等出谋划策。假期议事厅每日开放，村民群众积极参与议事。截至目前，议事厅共接待

800 余人次,收集围绕村民增收、特色产业发展、婺剧文化传播、乡村旅游提质升级等有效建议意见 210 余条。

3.党建提领精神生活共富。大街乡坚持党建提领乡风文明、教育养老工作落实处,推进全方位共富。一是垃圾分类促乡风建设,增进新时代山区文明建设。大街乡在"贺田模式"基础上深化提升,在新槽村创建垃圾分类"零废弃村",率先采用垃圾五分法将生活垃圾按照"可回收物、可循环利用物、有害垃圾、会烂垃圾、不会烂垃圾"五大类,并根据村的人口规模和实际情况,新建一个农村生活垃圾循环超市,设定一个或若干个生活垃圾定点定时(两定)的集中投放点,同时建立健全"分类投放、分类收集、分类清运、分类处置"四个体系,使大街乡的生活垃圾分类真正实现"闭环运行、无害化处理、资源化利用"。目前,新槽村生活垃圾循环超市已完成建设,该超市实现回收兑换、循环利用、分类宣传、集中投放等四大功能。同时大街乡完成垃圾分类细化规范,新槽村每个网格试行"1+1+1"模式,即由 1 名村干部加 1 名党员外加 1 名妇联执委(巾帼志愿者)开展监督和服务。未来,大街乡将依托新槽村垃圾分类"零废弃村"模式向全乡推广,持续深化"贺田模式"垃圾分类工作,为"漫行大街"景区维持一个良好的生态环境。二是龙南抱团兴教育普惠,增进新时代山区教育共富。在龙南山区党建联盟的推动下,溪口镇、大街乡、庙下乡、沐尘乡"一镇三乡"抱团发展,溪口镇发挥县域副中心镇带动功能,通过中小学镇域集聚模式改善提升山区基础教育软硬件设施和师资力量,缩小城乡教育差距,实现教育普惠。同时,通过与衢州学院等家门口大学的深度合作,对接高校教育资源下沉到龙南山区,广泛开展"双减"背景下非应试类素质教育普惠教学,通过政府购买服务的形式为大街乡等龙南山区中小学生提供音乐、美术、羽毛球等高质量普惠课程,实现一镇三乡教育共富。三是地宅互换办老年公寓,增进新时代山区幸福养老。大街乡在党建关联民生的导向下,在新槽村探索"宅基地换养老"的收储模式解决危旧房现象。针对孤寡老人、五保户、低保户等无力承担搬迁后自建新房费用的问题,在新槽村兴建老年公寓,兴办养老设施,优先提供给将自有宅基地退还给村集体的孤寡老人免费居住,目前村里的老年公寓入住了十户村民。这一项目的实施,不仅给老人解决了后顾之忧,还可将腾出来的宅基地重新规划,提升乡村风貌。

(二)特色产业深化共富三部曲

1. 产业招引,村企协作致富。大街乡招引神农谷田园综合体项目落地在新槽村,投资主体是浙江大攸中草药公司。该项目是以中草药种植为主导,集旅游观光、农民培训、中医康养、高端民宿为一体的大型农文旅产业园。建设年限 2018—2023 年,计划总投资 2.1 亿元,2020 年度完成投资 1300 万元,目前已累计完成投资 5300 万元。已配套建设中草药种植基地 5000 亩,主要种植贝母、芍药、元胡、覆盆子、代代花、黄精、吴茱萸、山茱萸等 8 大品种系列,配套建设了占地 700 平方米冷藏存储加工厂房,并投资 750 万元建设了现代智慧农业药材种植溯源系统,对种植基地的温度变化、空气质量、土壤环境进行精密分析智控。联合大街乡打造"本草讲堂",通过"理论授课＋田间实践"的教学模式,让大街乡 80%以上的剩余劳动力都参与中草药种植培训,用工率达 50%以上。

园区致力打造省级生态康养及高端民宿特色基地,以大街乡全国生态乡为依托,发挥园区得天独厚的中药材生态环境。目前中医康养及高端民宿建设项目筹备已进入设计阶段,浙江省中医药文化养生旅游示范基地已通过验收。接下来项目建设具体分为三步:第一步以中草药做代用茶,开发保健型养生饮料食品。第二步计划与常州市伟博海泰生物科技有限公司、辉达生物医药(苏州)有限公司、上海紫薇医生平台共同研发中医药化妆品系列产品,近期已签订合作意向协议。第三步做中药研发及中药提取产业,计划投资 1.5 亿元,主要投资建设以中医文化为主题的中药材科普馆、康中医养及高端民宿场所、产业综合服务中心。计划分 3 年实施到位,2021 年 3 月前完成规划与项目报批,2021 年 4 月开始建设。2019—2020 年,园区被认定为市级乡村振兴讲堂实训基地、衢州职业技术学院创业创新实践基地、浙江省中医药养生文化旅游示范基地。2022 年 12 月,在衢州市诗画风光带"一县一园"争先创优综合考评中荣获三等奖。

2. 产业延伸,文旅协同增富。依托中草药产业,大街乡在新槽村定期举办大型乡村旅游节。2021 年 4 月,受疫情影响,大街乡举办了多平台联播的"云"

上芍药花开——首届大街乡芍药花乡村旅游节。此次"漫行大街 花开芍药"线上直播活动由衢州市文化广电旅游局指导,龙游县文广旅体局等单位共同进行,并联合央视直播、浙江在线、淘宝、抖音、好易购等多家平台,共同开展线上直播,使网友足不出户便可游览千亩芍药,大街的秀美山水、风土人情带给全国网友全新的视觉体验,取得了良好的效果,微博、微信转发量达到 10 万条,直播实时观看人数超过 10 万。"芍药花乡村旅游节"将作为标志性节庆活动在今后每年 4 月如期举办。

除此之外,大街乡持续发展"一村一项"旅游特色活动。杨村探索"书记直播带货"等模式,在乡村振兴空中课堂为杨村晞露绿茶直播带货,卖出 12 余万元茶叶礼盒。新槽村举办了旅游"年货节",借助地域特色整合优质农产品、旅游、民俗文化等资源,受到了游客一致好评。方旦村充分挖掘 800 年古村落文化资源,利用黄泥房、520 多年的红豆杉、香樟古树等特色风景,启动开展祝家古村落建设,同时开展"相约 520"和"相约七夕,缘起祝家"等一系列活动,取得了良好的成效,微龙游、新蓝网等多家媒体报道,成为大街旅游的一大亮点。

3. 产业重构,乡民协心共富。为实现山区传统产业转型,将绿水青山的生态资源充分转化为产业资源,将留守的散居村民集聚为人力资源,形成资源要素、资本要素、人力要素的深度整合,让村民可以依托新产业长期稳定增收共富,大街乡在新槽村等村试点探索跨村集聚模式。新槽村经过 10 年的实践探索,打破村界限,形成了一套较为成熟的跨村集聚新模式,乡域内符合条件的农户均可通过"有偿选位"形式实现跨村集聚建房,统一规划、统一建设,不仅节约资源,还彻底扭转了以往农村脏乱差的风貌形象。目前新槽村共新建农房 79 户,安置 16 户外村农户。村民陆续搬迁下山后,村集体出资流转位于后山的梯田,招引神农谷田园综合体项目落地发展中草药、文旅等产业,帮助村民家门口就业增收共富。

三、经验启示

（一）大街乡山区共富的启示

1. "上天入地"的党建统领是山区全面共富的根本支撑。大街乡是浙江省一个普通的山区乡，除了绿水青山之外并没有支撑高质量发展的核心产业要素，而要将绿水青山资源化、市场化、产业化，需要区位、市场、资本主体、产业主体等各项核心质素的支撑，但这些质素的实现一直以来就是山区乡镇高质量发展所面临的普遍困境和桎梏。大街乡的做法表明，高质量的党建统领是破除这类困境和桎梏的关键。大街乡党员队伍通过党建强化落实自身"公仆"和"先锋"两个身份属性，既"上天"招商引资，对接项目进乡进村带动地方发展和村民就业增收，举办各类文旅活动吸引游客发展第三产业，开展电商直播推介当地文化和产品，又"入地"推进跨村集聚区域共富，推进宅基地—老年公寓互换幸福养老，推进龙南一镇三乡普惠教育。由此，为山区全面共富提供了根本支撑。

2. "门当户对"的产业招引是山区物质共富的有效根基。大街乡在项目招引上慎之又慎，综合考虑"致富—增富—共富"三个维度的常态长效机制，引入中草药种植这种既符合山区生态保护，具备文旅产业延伸潜质，又符合劳动密集型村民就业实际导向的产业项目。山区的现实处境是，青壮年外流的主体态势仍将继续，留守的基本都是老人、妇女，其所能从事的产业只能是他们劳动惯性内的种植养殖、农家乐民宿等，而中草药种植和加工及其延伸的研学、农家乐、赏花节等都是当地大部分村民可以从事的劳动，非常"门当户对"。

3. "自古以来"的文教传承是山区精神共富的神魂内质。大街乡深挖历史文化传承，全面贯彻文化先行、文化是魂的重要指示，充分发挥商帮文化、纸槽文化、造纸文化、中草药文化、打井文化、竹马舞、舞龙、大街酥饼、杨村炒面、晞露绿茶等的文化牵引效能，结合抖音等线上线下平台，广泛推广大街乡的底蕴文化和历史传承,实现文化和旅游、文化和产业的深度融合,以文化牵引共同富裕。此外,大街乡还举办"村晚"、金丝菊花节、芍药花节等文旅活动,丰富村民生活,推进村民精神共富。

(二)大街乡山区共富的经验

1. 立足现实,实事求是。

大街乡乡政府、各村以及大街乡居民都充分正视山区发展的现实处境,协力实现远山村民易地迁居,迁入溪口镇、湖镇等下山安置小区,通过入镇入城整体改变就业增收模式和生活模式,实现致富增富共富的直接落地,而乡和村集体亦可实现土地、宅基地资源的统合开发,或土地流转整租,或宅基地成片开发为高端民宿,下山的居民还可以从中获得租金和分红,实现多维增收。此外,鉴于当地人口持续外流,学龄儿童数量逐年减少,教育资源的适配性逐渐降低,优质教育资源难以引入难以持续供给,大街乡借力龙南山区"一镇带三乡"一体化发展机遇,将大街乡的基础教育整体纳入溪口镇优质基础教育框架之内。幼儿教育和义务教育得以在镇域层面实现资源和需求的总体统筹衔接,再加上衢州学院在龙南山区推广普惠教育,实现优质师资和课程一镇三乡全面共享。由此,大街乡基础教育保障和保质问题得以根本解决。

2. 立足团结,抱团共富。

大街乡以新槽村为发展支点,以村带乡,村村联合,整乡抱团,在中草药、研学、乡村旅游这三个核心产业板块上突破村域限制,突破利益考量,突破权能边界,成立村村融合的强村公司,制定"一村一品"的研学规划,开展漫行大街整体景区打造,拓展中草药种植和加工地域延伸。由此,产业规模得以扩张,产业延伸得以多元,产业效益得以提升。除整乡抱团之外,大街乡还深度参与龙南山区一镇三乡抱团发展的区域共富机制,在龙南党建联盟、产业联盟、综合治理一体化等"一镇带三乡"山区共富模式的牵引下,龙南一镇三乡实现党建、产业、文旅、电商、教育、养老、治理等各个维度的一体化融合,由此实现龙南山区各方面资源的优化整合,在一体化机制内解决大街乡发展所面临的人才引进、产业招引、产能提升、文旅开发、农民培训、电商直播、干部培养等各方面的挑战,发挥区域抱团共富的良好效应。

3. 立足未来，精准规划。

大街乡以引进落地的中草药项目为引领，对当地中草药产业的未来发展进行精准规划。从中草药种植规模的有序扩增，中草药种植种类的点位安排，中草药加工的品牌深化，中草药研学的整乡规划，中草药文旅的协同推广，到疗休养基地、精品民宿、梯次化农家乐的协调安排，大街乡产业发展的规划精准落实到具体农户，实现村民家庭发展规划和乡村发展规划的相向而行。就研学等稳流量的关键产业延伸项目而言，大街乡从传统造纸文化挖掘，到龙游商帮图书装订贩卖的沉浸式体验，再到传统纸工艺品制作的复原创新，将造纸术、印刷术、古籍装订、纸品工艺等优秀传统文化按节奏设置在研学规划的系统性安排之中。

四、发展对策

（一）进一步高质量发展的问题

大街乡新槽村片区要实现进一步高质量发展，还有不少障碍需要克服。就其已有产业基础而言，发展障碍主要体现在以下三个方面。

1. 人口流出易但引进难的问题。

这个问题是乡村振兴所面临的普遍难题，就大街乡而言，除了易地安置、下山安置等主动人口转移之外，因务工、就学、就业等诉求而人口持续流出更是一个棘手而紧迫的问题，"两进两归"面临诸多挑战。

2. 产业发端易但发展难的问题。

引进中草药产业后，从新槽村到周边各村的村民普遍实现了增收，但随着入驻的这家中草药企业自身发展的瓶颈日益突出，产业扩增和产业延伸缺乏持续的后劲，企业和地方的利益考量逐渐难以平衡。

3. 文化挖掘易但活化难的问题。

大街乡具备深厚的文化底蕴，商帮文化、造纸文化、中草药文化等都是当地的特色文化。这些文化通过口述、文献等方式可以得到深度挖掘和梳理提炼，但在文旅产业发展中的活化却很难，文化优势没能转化为产业效能。

（二）进一步高质量发展的对策

大街乡新槽村片区进一步高质量发展的关键在于深化"致富—增富—共富"三部曲，不断拓宽致富渠道，不断延伸增富业态，不断完善共富机制。基于大街乡当前发展所遇到的问题，建议从以下三个方面深化其进一步高质量发展的共富三部曲。

1. 大力度招人引才留客，打造"人气大街"。

加速推进跨村集聚，加速推进宅基地换养老公寓等工作进程，将空置下来的民居民宅集中修缮提升，探索"三权分置"改革，使大街乡的山居民房成为城镇居民可以放心长租购买的"租权房"，借此引入"新乡民"，通过民房转型山居别墅的形式实现村民和村集体经济进一步增收，同时探索新乡民参与乡村治理的体制机制，建构新乡民有归属感的"新家乡"。完善大街乡文旅基础设置，提升景观整体性和服务专业性，使大街乡成为游客愿意停留的休憩之乡。同步大力度引进各方面人才和团队，将大街乡作为一个整体开展产业、文旅等各维度的综合运营，打造人流人居常态化的"人气大街"。

2. 大力度招商引资留企，打造"财气大街"。

以现有中草药产业和企业为支点，招商引资拓展大街中草药上下游产业链和市场，大力度引进能推进大街乡实现绿水青山向金山银山转化的生态导向型企业。在高山蔬菜、文旅、中草药、高山水果、山溪养殖等产业领域重点招引品牌企业在大街乡设点发展，统筹地方集体经济资本和市场资本发挥实际效用，助力大街乡的企业做大做强，从而持续提升村民收入和村集体经济收入，打造出"财气大街"。

3. 大力度招贤引智留史，打造"文气大街"。

基于大街乡深厚的历史文化底蕴，招引专业的文化产业策划和运营团队深入挖掘大街乡文化，结合大街乡文化产业发展和景观节点打造，以口述、文献、考证、影像还原、设计等方法，将文化活化通过读物、自媒体、导视系统、数字化应用、展馆、网红打卡点、农家乐、民宿、文旅活动、特产包装等各种渠道各种方式展现出来,提升大街乡的知名度和美誉度,提升游客、居民的体验感和认同感,打造出"文气大街"。

传承红色基因　发展绿色产业

——衢江区贺邵溪村"以馆带村、以村富民"共富实践纪实

摘要：衢江区贺邵溪村自然生态完好，是国家 AAA 级景区、省 AAA 级景区村庄、省美丽乡村特色精品村。衢江区贺邵溪村围绕"共担当，同富裕"这条主线，通过"以馆带村，以村富民"的思路，积极用好、有效用活各项资源。深化探索"政府＋社会""整体＋个体""市场＋村集体"等的多元化经营思路，通过多种运营方式拓宽强村富民的发展路径。贺邵溪村利用"一事一议"政府财政支持，改善村容村貌；发挥先天人文优势，打造红色培训基地；创设多维度的产业场景，实现绿色产业联盟发展；创建全民学习教育场景、实现精神共富；打造乡村数字大脑、从细节上提升基层治理水平，多管齐下，走出一条红绿结合、和谐共生、三产融合的共同富裕新道路。从贺邵溪村的共富路可以得出科学谋划、整合资源，定位特色鲜明、形成品牌效应，坚持村强民富思路、厘清"村强"与"民富"之间的逻辑关系，融合前沿教育理念、重视全民教育的启示。最后从拓展发展视野注重引智借力，重塑邻里场景打造生活空间，激活乡村文化"铸魂"未来社区，创新产业体系激活特色资源，调动多元资源推动乡村集群协同发展等五个方面提出贺邵溪村发展的对策建议。

关键词：红绿结合；改革担当；基层治理；共同富裕

一、背景情况

　　贺邵溪村(图2)隶属于衢州市衢江区横路办事处,是改革先锋谢高华的家乡。其坐落于横路办事处以东2千米,东与全旺镇交界,南与下山溪村交界,西临S315省道(衢州南环线),北靠320国道,距衢州市区16千米,距衢江城区7.5千米,毗邻衢江经济开发区、衢州市绿色产业集聚区。村域面积7.65平方千米,总户数869户,总人口2342人。下山溪从村中流过,自然生态完好,是国家AAA级景区、省AAA级景区村庄、省美丽乡村特色精品村。未来乡村整体规划设计范围约17.22平方千米,包括9个村落。核心(贺邵溪村)规划设计范围约0.96平方千米。

图2　贺邵溪村

　　2019年,依托谢高华的改革担当精神,建成了改革担当精神传承基地核心区。基地自2020年7月1日开放以来,共接待了各级党员干部、观光研学400多批次,近30000人次。成为全国各地党员干部履职培训的重要平台,也是观光研学的重要基地,旨在打造新时代教育培训实践基地和浙江改革开放精神展示基地,与"红船干部学院"形成"东西呼应",成为浙江省干部培养的两张"金名片",为全国干部培训、教育、管理提供衢州样板、衢州方案。传承基地目前已成为浙江省委组织部干部培训基地、省委党校教学点、省社科普及教育基地等等。目前该村已成为国家 AAA 级景区、省 AAA 级景区村庄,荣获 2019 年浙江省美丽乡村特色精品村,成功入选 2020 年省级美丽宜居示范村创建名单。2021年贺邵溪村又成为衢州市第二批未来乡村创建村。通过"红色基因传承+绿色产业发展"的模式,致敬并传承谢高华的改革担当精神,结合穿村而过的下山溪水系,以"改革担当地 水印贺邵溪"为主题定位,营造融合化的社区经济,构建生态康养宜居生活,打造"共担当、同富裕"的综合型未来乡村,走出了一条特色鲜明的共同富裕道路。

二、发展现状设计思路

贺邵溪村紧紧围绕"共担当,同富裕"这条主线,通过"以馆带村,以村富民"的思路,积极用好、有效用活各项资源。深化探索"政府+社会""整体+个体""市场+村集体"等多元化经营思路,通过多种运营方式拓宽强村富民的发展路径,最终以形成党员干部实训、青少年重点研学、智造新城员工休闲娱乐的"三高地"为目标。

具体的思路设计:以党建引领为核心抓手;以改革担当精神为核心主题;以康养宜居、三生融合为发展目标;以改革创新、民生需求、环境保护、历史传承、产业发展、智慧治理为发展原则。传承改革担当核心精神,营造融合化的社区经济,构建生态康养宜居生活,打造学、创、居、享式的乡村未来社区。

其中改革担当的精神与共富实践的场景结合尤为突出。主线围绕谢高华事迹,场景包括蹚水过河、谢老故居、担当伟绩(传承馆)、乌引实景、致敬谢老、灌溉良田。其中分五个方面拓展担当精神的现实需求:

1. 担当民生的需求,配套设施建设。

公厕、邻里空间、公交、路灯、幼儿园、卫生服务站、休闲健身中心、文化礼堂。

2. 担当环境的保护,生态保护与开发。

下山溪滨水娱乐、田园生态农业、胜利水库康养。

3. 担当历史的传承,记录百年村庄历史。

贺邵溪的传说、毛主席的回信、朱镕基视察贺邵溪、神奇的打铁坞。

4. 担当产业的发展,农文旅产业融合。

党员干部培训、青少年研学。

5. 担当智慧的治理,乡村数字大脑。

社区服务中心、乡村治理工作品牌、智能化管理平台。

三、主要做法及成效

贺邵溪村在利用未来乡村社区建设探索共富的进程中,走出了一条特色鲜明的发展道路。牢牢抓住"传承改革担当精神"这条主线,打造红色教育基地。围绕"四化九场景"要求,通过"红色教育＋绿色产业"发展模式,打造集教育、服务、产业、数字于一体的综合型的现代化社区。充分实现乡风淳朴、邻里和睦、生态宜居、人民幸福的美好目标。

(一)利用好"一事一议"政府财政支持,改善村容村貌

2019 年,贺邵溪村开展环境整治,谋划建设改革担当精神传承馆。从前溪边狭窄的道路,一度成为遏制村庄发展的绊脚石。衢江区以"一事一议"政策为支点,以"衢州有礼"诗画风光带核心村及改革担当精神传承基地建设为契机,贺邵溪村结合农房整治、拆后利用,实现了美丽村庄建设。通过外立面改造、道路"白改黑"、景观节点打造、绿化亮化等多项工程,陆续拆除农房 259 户面积 12110 平方米,为村庄建设腾出巨大发展空间。同时有效利用拆后空间,打造景观节点 8 个,修建停车场 7 个,建设美丽庭院 24 个,建立"一米菜园"12 块,让农户切实看到了成效,得到了实惠,获得了幸福。在村庄风貌大改观的基础上,一并解决了村民出行的"卡脖子"问题,对村庄内 5 条村道主要路段进行白改黑

改造提升,建设总长 2360 米,村庄风貌蝶变提升。作为"改革先锋"谢高华的故乡,2020 年贺邵溪村通过"一事一议"项目获得相应财政奖补,在拆除的空地上建成谢高华展陈基地和改革担当精神传承基地,将其打造成为新时代教育培训实践基地和浙江改革开放精神展示基地,与"红船干部学院"形成"东西呼应",成为浙江省干部培养的两张"金名片"之一。截至目前,贺邵溪村共实施"一事一议"财政奖补政策项目 5 个,总投资 1953 万元,其中财政奖补资金 509 万元。正是因为有了财政支持,贺邵溪村对入口、道路、停车场、围墙等都进行了提升改造,修缮了村庄公共区域,升级了配套服务设施,增添了路口引导标识,改进了村庄整体的村容风貌,绘就一幅自然、美好、和谐的乡村画卷,村里的环境得以跨越式提升,越来越多的游客到村里游玩。如今的贺邵溪村道路宽广、水清树绿,给前来参观学习者良好的第一印象。各项财政奖补政策项目使贺邵溪村实现了美丽蜕变,成为一道亮丽的时代风景,让村民群众获得感、幸福感、满意度显著提升。

(二)发挥先天人文优势,打造红色培训基地

贺邵溪村是一个拥有 600 多年历史的古村落,历史上有贺邵溪传说。2019年,依托谢高华改革担当精神,仅仅 7 个月时间,已建成"一馆八点"的改革担当精神传承基地。"一馆"即改革担当精神传承馆,包括担当精神学习区、党史学习区、研学区和互动体验区。其中担当精神学习区主要展示谢高华无私无畏的开拓创新精神和为民服务的情怀;党史学习区开天辟地救国大业、改天换地兴国大业、惊天动地强国大业三个篇章,呈现中国共产党从萌芽到不断发展壮大的曲折历程、取得的丰功伟绩;研学区包含多功能报告厅、沉浸式影厅、乡村振兴讲堂等,可满足各单位、旅行团的研学需求。

从 2020 年 7 月基地正式开放以来,共接待 400 多批 30000 多人次,成为各级党员干部履职能力培训的重要平台,让红色基因引领绿色发展。"八点"包括谢高华故居、下山溪流域改造、记忆老街等景观节点,并设有鸡毛换糖餐厅,可容纳 200 余人就餐,打造出一个可看可游可学的多方位精神传承基地。贺邵溪村围绕邻里、文化、健康、低碳、产业、风貌、交通、智慧、治理、党建等十大场景实施一系列节点改造项目。在节点建设过程中始终坚持"微改造"理念,避免大拆大建,实施老建筑的改造升级,突出贺邵溪村的地方特色。

（三）创设多维度的产业场景,实现绿色产业发展

改革担当精神传承馆作为贺邵溪乡村未来社区的主体,在产业中发挥着重要作用,在此进行团队的教育培训、游客的参观接待、周边产品的销售等。而社区配套设施农耕研学基地、高端民宿、特色餐饮、休闲娱乐区等项目的建设也将带动当地产业的发展。未来社区的创建本身就是美丽乡村建设的叠加和产业植入的过程,建设好未来社区,就能实现"有人来、有活干、有钱赚"的目标,带动当地产业的发展。第一产业包括传统农业、观光农业、体验式农业,其中农业塑造江南的南泥湾场景,通过农耕文化体验及青少年教育培训,成为青少年劳动实践基地。同时带动村民就业,给农业赋能。

贺邵溪村未来乡村社区创建以来,村集体年经营收入保持较为良好的增长势头,其中 2019 年 11.344 万元,2020 年 11.78 万元,而 2021 年全年总收入为 32.828 万元,接近 2020 年的 3 倍。集体经济增收明显,彰显出强大的经济活力,再次表明未来乡村社区建设是推进共富的有效抓手。当地村民收入多元化,呈现出"固定工资＋投资提成＋收益提成"的收入模式。

未来贺邵溪村将结合"微改造,精提升"的理念,持续推进未来乡村项目建设,全面创新业态形式,智慧数字系统、田园舞台、樱花基地等项目也将逐步改造落户,为贺邵溪村增添更多的活力色彩,打造一个"传承之地学精神、党建之心衔引领、田园之村享生态、未来之区潮生活、幸福之家融和睦"的综合型未来社区。

（四）创建全民学习教育场景,实现精神共富

贺邵溪村依托乡村振兴讲堂和改革担当精神传承馆、党史馆,统筹优质教育资源,开放共享书吧来打造一个学习型社区。最具特色的做法就是由村民"点单"开课,开设多样课程满足村民多元需求。贺邵溪村五花八门的开课需求,刻画的是一幅"富村山居图"。该村近三年线下线上征集的开课意愿数据显示,村民对文体健康、文化素养类的课程需求逐年增加,开课量占了近 40%。讲堂的开课内容每期都要不断地调整,推陈出新,以满足村民的各种就业需求和文化需求。例如,村里有四分之一青壮年在开发区务工。由于技术水平低,大多是普通车间操作工,工资月收入只有 2800 元左右。村乡村振兴大讲堂与衢江职业中专长期联合举办机械技能培训课程,通过聘请讲师讲理论,跟着师傅学实操,手把手点对点学习操作技能,修完课程后,还能取得相应技能的证书。2020 年以来,共有 16 人拿到初级技师证,3 人拿到了中级技师证书,成了厂里的"香馍馍",工资月收入上涨 500—1000 元,实现了高含金量能力提升。近些年,贺邵溪村紧抓衢江经济发展机遇,加强土地开发,优化软硬环境,村里发展好了,实现了"儿童不留守、青年有事做、老人有所养"。

(五)打造乡村数字大脑,从细节上提升基层治理水平

贺邵溪村精细化落实好"县乡一体、条抓块统"工作,实现基层"智"治,增强老百姓的获得感,利用数字化工具,结合具体村情民意,将安全监控、公共交通、乡村管理、卫生健康、基层治理等通过大数据分析研判和 5G 实时传输,建立实时化信息、差异化服务、有效性治理的综合体。"妈妈谈"是村民休闲时交流、互动的场所,也是重要的基层议事平台。结合村情通等数字化工具,设立一个乡村和睦客厅,通过线上线下相结合的方式,共筛选出 28 个高频事项予以加速办理。在贺邵溪村可以看到一群志愿者的身影,他们有的是联户党员,有的是网格员,还有"妈妈谈"志愿服务队的成员。他们既是政策宣传员、信息收集员、跑腿代办员,也是矛盾调处员。通过做好党员联户、制订村规,延伸居住空间,融合人与事,打造和谐、团结、健康的邻里关系圈。

四、经验启示

贺邵溪村的做法,给众多原有基础相似的村庄提供了实现从无到有、从粗到细、从强基础到创品牌的特色共富经验。同时也体现了创建未来社区、引领共同富裕的共性和一般规律,对浙江省其他乡村地区来说具有可借鉴性和可复

制性。

1. 发展模式谋划科学、选择精妙，从源头上将共富同未来社区的创建紧密相连。充分利用多种模式，整合政府、社会、村集体、个人等多方资源和力量，共同探索村民共富的密码和钥匙。

2. 主题定位特色鲜明，红绿文化充分融合，在讲好谢老红色故事的基础上，绘就绿色产业发展蓝图。红色基因的挖掘内涵深刻，品牌效应明显，相关文旅产业布局井井有条，同时进一步推进绿色生态产业，互相匹配，融合发展。

3. 发展思路清晰，始终坚持村强民富的工作思路，不安于原有良好的基础、积极探索摆脱输入式的产业模式，不断增强村集体经济的造血功能，理清"村强"与"民富"之间的逻辑关系，抓住增强集体经济发展强大不放松，把共富的主动权牢牢抓在农村基层组织手中。

4. 融合前沿教育理念，重视全民教育，深刻理解教育不仅能够阻断贫困，更应当成为共同富裕的首要抓手和源源不断的创新动力。整合村内原有教育资源、发挥村民中教育人才的先天优势，创办特色周末儿童辅导班，是有效的来源于草根的精神共富探索。

五、挑战及对策建议

贺邵溪通过"红色基因传承＋绿色产业发展"的模式，致敬并传承谢高华的改革担当精神，结合穿村而过的下山溪，以"改革担当地 水印贺邵溪"为主题定位，营造融合化的社区经济，构建生态康养宜居生活，打造"共担当、同富裕"的综合型未来乡村，走出了一条特色鲜明的共同富裕道路。但在前进的道路上也存在着一些挑战：如何以馆带村，以品牌带产品；如何以村富民，带动产业发展；如何进行整体运营，推动乡村集群协同发展。

（一）拓展发展视野，注重引智借力

加强对国内外先进社区的调研考察，以馆带村，牢牢抓住"传承改革担当精神"这条主线，适当举办有关交流活动；与企业、科研机构加强合作，引进专业团队,助力乡村未来社区的发展。

(二)重塑邻里场景,打造生活空间

打造文化底蕴与乡土原生态兼具的未来乡村,满足人民对美好家园的期盼。推行"微改造",通过对原有社区的"微改造"和文化赋能,建设山水与乡村融为一体、田野与现代相得益彰的可持续发展样本,以空间共享带动"熟人社会"回归。通过构建丰富的交互空间和共享空间,推动公共服务的优质共享和现代生活的零距离感受、重塑乡村人缘关系,切实提升群众的获得感和幸福感。吸引"三乡"人才聚力未来乡村建设,推动共同富裕。

(三)激活乡村文化,"铸魂"未来社区

挖掘乡村优秀民俗、农耕、节庆、名人、祖训家规等文化资源,弘扬当地传统文化,让乡村社区成为世代传承之家、乡愁记忆之家、心灵安放之家。激发"原乡人"潜能,用好人才存量;留住"归乡人"步伐,激发人才增量;吸引"新乡人"目光,引爆人才流量。

(四)创新产业体系,激活特色资源

共同富裕是高质量发展基础上的富裕,把蛋糕做大是实现共同富裕的第一步,要贯彻新发展理念,以创新发展解决发展动力问题,以乡村振兴破解发展不平衡问题,以绿色发展解决可持续问题。(1)贯彻"绿水青山就是金山银山"理念。坚持生态强基,依托乡村的美丽环境,大力发展规模化、集成化的农业和乡村文旅产业,实现产业生态化、生态产业化。(2)推进新型农业。增加科技含量,通过数字赋能农业,实现节本增效、农民增收和环境改善的良好循环;创新经营模式,孵化和扶持"农村主播",打通农产品的"上行通道"和消费品、生产资料的"下行通道",进而更好地促进区域乡村经济发展。(3)培育特色产业。大力培育本地美食、乡村文创、传统手工艺等当地有基础、村民参与度高、增收见效快的特色产业,打造创业就业场景。

(五)调动多元资源,推动乡村集群协同发展

共同富裕是全民富裕,要用政策鼓励先富带后富,保障富裕机会的均等,提高乡村群众的内生动力。(1)发挥"新乡人"的带动作用。通过政策支持,引导知识分子和企业家发挥带动作用,让城市消费、人才、资本和技术要素上山下乡,让这些"新乡人"带来知识、资金、项目和就业机会,参与村项目运营,乡村集群协同发展。(2)深化勤劳致富的体制。共同富裕是靠人人参与、人人奋斗,要积极探索农户、合作社、企业之间互利共赢的合作模式,让农民通过勤劳奋斗更多地分享产业链增值收益。(3)提高劳动致富的能力。共同富裕是"富口袋"与"富脑袋"的统一,是授人以渔,重点是提高农民素质,完善鼓励农民接受教育、参与培训、考取证书等的补贴政策。

产业共富模式

拉长拓宽生态产业链，
打造"羊来羊回"＋"人来人往"强村富民路

——枫石村共同富裕实践探索

摘要：枫石村通过"羊来羊回""人来人往"拉长拓宽生态产业链，为乡村振兴和共同富裕建设开辟了新路，具有很好的借鉴参考价值。通过党建统领，发挥党员的先锋模范作用，快速实现了村庄整治旧貌换新颜。通过拓宽产业类型促进村集体和农民增收渠道多样化。通过"羊来羊回"拉长核心生态产业链增加附加值，创造更多的集体收入和人均收入。通过"人来人往"带动文旅康养产业大发展，充分发挥了文化旅游的优势。通过数字赋能打造梯度型未来乡村新体验，增强青年对未来乡村的憧憬和向往。枫石村今后应树立品牌意识，提升村集体产业核心竞争力，坚持村集体主导地位，促进村集体经济可持续发展，抱团取暖打造共富联盟。

关键词：枫石村；生态产业链；羊来羊回；人来人往；共同富裕

一、背景情况

枫石村位于黄衢南高速公路峡口互通出口处,村庄区域面积 8.253 平方千米,全村共有 622 户 1927 人(图 3)。下辖 4 个网格,12 个生产队,村级组织健全。枫石村的过去,大家多用"后进"一词来形容。枫石村曾经是个养猪大村,最多时有 43 家养殖户,8000 多头猪,有的大户甚至把房子的二楼都改造成了猪圈。为了搬开转型的"绊脚石",衢州市还未开展"五水共治"时,枫石村就已着手生猪养殖整治工作。如今浙江省民主法治村、衢州市卫生村、中国幸福乡村等一系列称号接踵而至,枫石村成了"明星村"。从"后进村"到"明星村"的转变过程正是枫石村共同富裕建设实践的探索过程。近年来,枫石村在党建引领

图 3　枫石村村貌

下,充分发挥党员的先锋模范作用,无论是各种整治工作还是项目建设,处处发挥党员的带头作用,通过党员的先进性和战斗力发挥,枫石村形成了拉长拓宽生态产业链,打造"羊来羊回""人来人往"增收共富的建设模式,并取得了很好的效果。从宅基地整理出让掘到村集体经济的第一桶金,到盘活老办公楼等集体资产、峡里风大草原民宿成功运营、建起物业楼出租、引入定时器加工厂、生

态湖羊产业、中药材种植、启动古瓷村古瓷窑开发项目,再到成功创建 AAA 景区,目前枫石村 90％的土地实现流转。2021 年,村级经济总收入 926.36 万元,经营性收入 32.64 万元,农民人均可支配收入 25000 元,增长 8％。低收入农户人均年收入 16280 元,收入增长达 11％。从"五水共治""四边三化""三改一拆"到农房风貌管控,每项工作牵涉到老百姓切身利益,每项工作走在前列,但没有发生一起上访,没有一起纠纷出村。枫石村连续多年被评为无信访村,2020 年被授予全国治理示范村。因此,研究枫石村共同富裕建设实践所形成的有价值的经验做法,能为浙江省山区县域共同富裕建设提供借鉴和帮助。

二、经济发展情况

(一)村产业结构

全村形成了第一、第二、第三产业协同发展的良好局面。第一产业以种植业为主,粮食作物主要为水稻,经济作物主要为油菜、蔬菜,以林果业为补充。2021 年,全年农作物播种面积 958 亩,总产量 1123 吨。第二产业以定时器加工为主,第三产业以文旅服务为主。

(二)从业人员情况

截至目前,全村常住人口 1050 人,青壮年劳动力 629 人。在全村劳动人口中,从事第一产业 245 人,占 38.95％,从事第二、第三产业的 384 人,占 61.05％。

(三)"两进两回"情况

借助宅改"两进两回"契机,充分挖掘和利用在外乡贤资源,为招引企业、村民就业搭桥铺路,探索村集体经济发展的新模式。引进一家定时器加工厂入驻枫石村,让 50 多位村民在家门口实现就业,每年可带动村集体经济收入新增 50 万元。在枫石峡里风大草原新引进大健康产业项目,投资 60 多万元采购 9 座蒙古包,将作为特色烤全羊场地,计划将此打造成康养服务中心和农旅服务中心。

(四)环境治理情况

长抓生猪整规工作,严格控制家禽、家畜养殖,从源头上减少污染物。以巩固省级美丽河湖创建成果为目标,深入推进五水共治工作,建立完善村级河长"每周一巡查"、保洁员"每日一保洁"。工作机制重点研究由原来的突击整治、疏浚清淤向现在的村民公约、村民习惯转变的有效办法;对标衢州有礼"八个一"要求,组织党员持续开展六乱整治,确保垃圾箱无溢满、农户门前无堆放、烟头不落地,营造干净、整洁的居住环境。

(五)农房整治情况

深入推进农房风貌管控工作,对"一户多宅、违规搭建"的情况开展全面摸排和整改。2020年,枫石村被评为衢州市级拆后利用示范村。落实农村宅基地制度改革试点工作要求,通过盘活农村闲置宅基地、零星集体建设用地和空闲农房,采取出租、入股、合作等多种方式发展乡村旅游产业,探索农村土地制度综合改革经验。自开展宅基地制度改革试点以来,枫石村通过拆除围墙、附房及危房,已腾退宅基地面积7000余平方米。利用这部分腾退宅基地,村里整合传统村落打造资金,投入500万元实施村庄风貌整治提升,合计拓宽道路1500米;新增"一米菜园"10个,面积约400平方米;打造景观节点18个,村庄环境得到显著改善。

(六)生态环保建设

扎实推动生态文明建设,加强绿化改造提升工作。积极倡导绿色、环保、健康的生活方式和消费理念,抓好主要道路沿线环境整治,加快推进道路沿线违章建筑拆除、绿化建设完善和污水纳管工作。加快农村生活污水处理设施建设,以集中式与分散式相结合的方式保质保量完成全年目标任务,把这项工程做成真正的实事工程、民心工程、景观工程。完善大气污染物排放源清单,严格控制农作物秸秆焚烧,确保空气质量持续稳定、好转。

(七)支农惠农政策得到落实

全村的社会公共基础设施建设得到进一步发展。全村基本实现组组通公路、通电、通电信、通数字电视。全村享受低保政策 38 户 62 人,低边 7 户 21 人,特困 14 户 14 人,低收入农户应纳尽纳。参加合作医疗保险人数为 1725 人,参保率达 99.7%;参加农村社会养老保险人数为 1570 人,参保率为 90.8%。

三、主要做法及成效

(一)党建统领村庄整治,旧貌换新颜

枫石村从生猪养殖整治工作开始,充分发挥党员的带头作用。在党员的带领下,仅用了不到半年时间,就关停了全部养猪场。"一户多宅"整治中党员带头先拆、平安维稳工作中党员主动配合、美丽整治行动中党员积极参与。从"五水共治""四边三化""三改一拆"到农房风貌管控,枫石村党建统领,大力开展村庄环境整治,夯实村庄发展基础。把党建引领贯穿到村庄发展的全过程,做细做实做优基层党建工作,发挥党员先锋模范作用,老百姓感受最直观。在党建引领下,枫石村旧貌换新颜,村容村貌发生了翻天覆地的变化,成为全省美丽宜居示范村。在 2017 年村级组织换届选举中,峡口镇大胆创新,打破传统村域限制,首创村党支部书记"跨村兼职"模式,选派枫石村党支部书记陆承江到三卿口村跨村兼任党支部书记,将"明星村"的党建引领及基层治理先进理念、模式、制度等优质资源向"薄弱村"输送。

(二)拓宽产业类型,促进增收渠道多样化

"扶贫扶长远,长远看产业。"三产融合谱写"共富曲"是枫石村实现乡村振兴,从"后进村"到"明星村"转变的新路子,是"枫石模式"的核心所在。从以单

一产业为主向第一、第二、第三产业融合的转变为枫石村乡村振兴和共同富裕建设注入了新活力。

1. 积极发展以种植业为主的第一产业。

种植的粮食作物主要为水稻,经济作物主要为油菜、花青素玉米、食衣草、聚菌草等。粮食作物和多种经济作物种植为枫石村拓宽生态产业链、增加村集体和村民人均收入提供了很好的致富机会。

2. 山海协作项目新建物业经济楼。

山海协作助推基础设施建设。坚持开放发展导向,深入实施山海协作工程,不断拓展思维格局和时空格局,持续加强对外交流与学习,推动资金帮扶和智慧经验切实转化为利村利民的效益。2019 年,枫石村携手钱塘新区谋划建成山海协作项目——新建物业经济楼,共计三层,总面积 1927 平方米。目前一层作为来料来样加工基地,二层和三层出租给中草药种植有限公司作冷库。

3. 通过乡贤引进定时器加工厂。

2019 年,枫石村利用援助资金新建 1644 平方米的来料来样加工厂房,引进了组装微波炉定时器项目,吸纳 50 多名不方便外出打工的农村剩余劳动力就业,实现从农民到产业工人的转变,村民每人每月可增收 4000—5000 元,每年增加村集体经济收入 50 万元。村民在村里就业不仅大幅度增收,而且能很好地照顾老人、小孩。该模式已在江山市碗窑乡、长台镇、峡口镇等乡镇多个村成功复制。

4. 湖羊生态示范园区。

2018 年,总投资 12 亿元的华欣牧业湖羊生态示范园落户该辖区,以湖羊饲养为主线前后延伸形成一条多功能产业链,为枫石村生态产业发展、富民增收开启了新篇章(图 4)。

5. 引进和发展大健康产业项目。

在枫石峡里风大草原投资 60 多万元采购 9 座蒙古包,作为特色烤全羊场地,将此打造成康养服务中心和农旅服务中心(图 5)。

图 4 枫石村的湖羊

图 5 枫石村的蒙古包

6. 启动古瓷窑开发项目。

2021 年,枫石村全面启动了古瓷村古瓷窑开发项目,在恢复制瓷工艺的同时,不断完善旅游配套产业,打造一个集吃购游于一体的精品旅游路线,既能增加村集体收入,又能带动周边配套服务发展。

(三)"羊来羊回"拉长核心生态产业链,增加附加值

拓宽产业类型促进了就业多样化,为村集体及农民增收创造了条件。枫石村在此基础上,以湖羊养殖为核心不断拉长生态链以增加生态产业链的附加价值。总投资 12 亿元,占地 2436 亩,计划建成以年存栏湖羊 24 万只、年生产有机肥 10 万吨、年产 10 万吨饲料为主的大型湖羊生态示范园,一期工程已经完成建设并投入使用,引进了第一批湖羊。

1. 通过"羊来羊回""3 个 100"扶贫模式,将 50 斤重的羊给农户养 100 天,提供饲料和技术,养到 100 斤,给予 100 元,帮助群众脱贫。结合湖羊项目,建造 6000 平方米的智慧农业大棚,培育无土栽培等现代农业。

2. 向前延伸产业链,建设羊饲料种植地。根据湖羊养殖需要的优质饲料,枫石村组织村民连片种植花青素玉米、食衣草、聚菌草,制作羊饲料,着力打造国家级生态农业循环示范园;花青素玉米进一步加工成食品级方便面,富含人体必需的 21 种微量元素和多种维生素,具有很好的市场前景。

3. 向后延伸产业链,建设湖羊深加工基地和有机肥生产基地。将村集体资产转租给湖羊养殖企业建设屠宰和深加工基地,既能增加村集体租金收入,又能为一部分村民创造就业机会。引进"院士工作站",以湖羊粪便为基础研发和生产高端有机肥,已初步研发出高端有机肥产品,肥效是普通有机肥的几十倍,已进入试验生产阶段。

(四)"人来人往"带动文旅康养产业大发展

1. "三乡人"带动村容村貌提升和产业发展。"原乡人"打好基础"筑巢引凤"。向上争取 700 万元,新时代中国幸福乡村、中国传统村落项目,主要是景观节点打造、道路拓宽青石板铺设、人居环境提升和基础设施改善,硬化道路

5000 多平方米，绿化美化 2000 多平方米，新增停车场 6 个、停车位 110 个。借力"归乡人"帮扶输送"造血细胞"。枫石村通过每年召开乡贤会，塑造乡贤文化。结合全国农村宅基地改革试点，在莲花山网格收储农房 34 户，规划建房，充分提供就业岗位和居住环境，吸引更多青年回归、乡贤回归。借力"新乡人"激活"共富引擎"。充分发挥枫石村的生态资源和生态环境优势，吸引生态湖羊养殖及相关产业进驻枫石村，为共同富裕注入新活力。

2. 吸引外地游客，带动文旅康养产业发展。以在枫石峡里风大草原投资 60 多万元采购 9 座蒙古包为基础，借力枫石村湖羊养殖业特色和中药材种植基地，大力发展以"羊文化"为核心的康养文旅产业。"通过一只羊，带动一帮人，成就一企业"的思路，既打造出独具特色的康养文旅产业，又能促进企业与乡村的高度融合发展。借力中国现存最古老的窑址——三卿口古瓷村，以"古瓷窑文化"为核心打造古瓷窑文化旅游精品线路，吸引古瓷窑文化爱好者和古瓷窑手工爱好者游学，带动周边经济发展。

（五）数字赋能打造梯度型未来乡村新体验

枫石村抓住"县乡一体、条抓块统"改革契机，加快建设集组团联村工作室、警务室、矛盾调解室等职能于一体的"N 合一"新时代村级综合信息工作站，实现"一站式服务、融合性治理"，打通治理和服务扎根基层一线的"最后一千米"。智能化分析的乡村振兴云平台——乡村大脑，该项目已基本完成，项目规划以智慧乡村建设为核心，以拓展产业发展及乡村旅游经济为目标，以乡村主导产业为主线，应用"互联网＋美丽智慧乡村"前沿理念，建设集智慧党建、数字村务、平安乡村、扶贫关爱、智慧农业、智慧旅游、优品商城于一体的美丽智慧乡村"117 工程"。为枫石村提供乡村治理、乡风建设、产业振兴、宜居建设、文化保护、人才培训、涉农金融、智慧生化等全方位解决方案，为数字化建设提供支撑，实现村庄智能化、数字化。

搭上"互联网"这趟快车，村民生活更加智慧，产业发展也更具创新，同时也能体验到未来的乡村生活的愿景。乡村大脑"智慧屏"将大数据、云计算、智能管理广泛运用其中，大大提升了基层社会治理效能。"智慧屏"背后的数据与宅基地改革一张图、垃圾分类智能化系统等时刻互通,在"智慧屏"上便可一目了然,为村民幸福、美好的生活提供数据支撑。垃圾分类实时监控,有效提高工作效率;地质灾害风险评估管理,真正意义上实现精准预防;将村民日常行为纳入积分管理,将积分制与年底表彰奖励、银行信用积分相挂钩,推动居民共建共治共享未来乡村建设。在枫石村乡村智慧大脑中心,乡村治理、乡风建设、产业发展、宜居建设等全方位解决方案——呈现:未来,进入枫石村,通过扫描二维码,整个村的导览图、配套设施和周边景区景点等村庄信息,都可以在掌上呈现,将为村里人、归乡人、新乡人、外乡人提供优质便利的数字红利。治理与服务融合,对村庄进行数字化赋能,建设乡村智慧大脑大数据综合云平台系统,实现村庄建设智能化、数字化。

四、主要经验启示

拉长拓宽生态产业链,打造"羊来羊回"+"人来人往"增收共富路的枫石模式成为未来乡村共同富裕建设的一道亮丽的名片,也很好地诠释了共同富裕产业为王的真谛。枫石模式的主要经验启示如下:

(一)党建统领、党员先行、干群合力是共同富裕建设的原动力

加强村基层党组织建设,充分调动和发挥党员干部和党员的先锋模范作用,无论是村容村貌整治,外出寻找和引入致富项目,党员干部和党员身先垂范,主动从自身做起形成表率作用。在党员的积极带动下,逐步吸纳想干事、能干事的普通群众形成干群合力,共同探索强村富民实现路径,形成共同富裕建设的动力源泉。枫石村在生猪养殖整规过程中,党员率先退养并动员普通群众退养;在"一户多宅"拆建过程中村支书、党员带头先拆;村平安维稳党员主动配合、环境整治党员积极参与等做法,用实际行动诠释党员的先锋榜样作用,让每一名党员都成为一面旗帜。在党员的带领下,枫石村形成了干群合力,为后续生态优化、产业振兴、村情智慧化治理、村民生活水平提升等提供了强大的合力,效果十分显著。

（二）因地制宜发展优势产业是未来乡村共同富裕建设的基石

乡村振兴，产业为王。因地制宜发展优势产业是每个村庄强村富民的基石。由于每个村庄的自然禀赋和文化积累等不尽相同，需要根据自身特点和优势发展相关产业。将村集体的资产和村民土地进行有效流转增加村集体收入，通过发展优势产业为村民提供高质量就业增加人均收入，通过村与企业的和谐共生提升村庄的智慧化治理水平和公共服务条件。枫石村在第一产业基础上，根据自身的生态优势引入定时器加工、生态湖羊、康养和文化旅游等产业，实现第一、第二、第三产业有机融合。枫石村在产业发展过程中，村集体资产和土地流转的价值得到了大幅度提升，为不同层次的村民创造了差异化就业机会，人均收入也得到了实质性增加。村民在家门口就业，既能增加人均收入，也方便照顾小孩和老人，企业也减少了"五险一金"等的支出，呈现出多赢发展的良好局面和态势。

（三）拉长核心生态产业链，增加附加值，打造乡村持续共富路

在引入和发展产业增加村集体和村民收入的同时，产业助力乡村共富的可持续性是接下来要重点考虑的问题。选择核心产业通过拉长产业链增加产业的附加值是打造乡村持续共富的关键。拉长产业链既能保证引入企业的可持续发展问题，同时也能为村民创造更多的就业机会，不断提高人均收入。枫石村在生态湖羊养殖产业基础上，向前和向后不断延伸产业链，形成饲料种植、湖羊繁殖、湖羊产品深加工、有机肥生产、以羊文化为核心的文旅产业链条，不仅有效带动了全村资源的充分利用，也增加了更多增收的机会，形成了枫石村产业振兴的核心竞争力。

（四）山海协作、乡贤回归能助力乡村产业振兴

山海协作能将"海"的产业与"山"的生态优势和劳动力优势有机结合，通过产业转移和产业链延伸为山区乡村共同富裕建设开辟新路。枫石村通过山海协作项目，携手钱塘新区谋划建成山海协作项目——新建物业经济楼。随着山

海协作升级版的推进,枫石村和钱塘新区将密切合作关系,加快推进山海楼建设,丰富乡村业态,为村集体经济发展和农民增收注入新动能。

健全"两进两回"长效机制,激活乡村发展潜能,是乡村振兴的重要途径。乡贤回归创业、乡贤为家乡发展招商引资,成为众多村庄共同富裕建设的重要生力军。创新乡贤管理机制、形成独具特色的乡贤文化是充分发挥乡贤作用的重要举措。枫石村创新乡贤管理,形成独特的乡贤文化。枫石村建立了乡贤治理委员会,成立了乡贤帮帮团,充分借力乡贤的作用,成功为村里招商引资做出了巨大的贡献。枫石村每年年终召开表彰大会,采取"线上+线下"的方式表彰归乡乡贤和在外乡贤,使在外乡贤也能感受到家乡人民的情怀,努力为家乡发展献策献计。乡贤为村里引入定时器加工厂,给村集体年增收 50 万元,50 多位村民在家门口实现就业,村民增收 100 多万元。在乡贤帮助下引入投资 12 亿元的生态湖羊产业,通过拉长产业链为枫石村可持续共富奠定了坚实的基础。

(五)盘活农村闲置宅基地,集中创造利润增长新空间

通过盘活农村闲置宅基地、零星集体建设用地和空闲农房,采取出租、入股、合作等多种方式发展乡村旅游产业、研学产业。村民以宅基地参与产业发展分红的同时,也能带动一部分村民就业,在不影响照顾家庭的同时也能增加收入。通过出租闲置宅基地和零散集体建设用地给相关企业,年增收百万元以上。

五、今后发展建议

(一)树立品牌意识,提升村集体产业核心竞争力

品牌建设关乎产品与服务的生命力、竞争力。湖羊生态产业并非枫石村独有的产业,全国多个省市依托湖羊产业发展致富,在竞争激烈、相互效仿的市场环境中,枫石村需要树立品牌意识。枫石村具有良好的基层治理基础,厚重的村文化,通过凝练提升,将枫石村的奋斗历程融入产业发展,融入产品与服务

中，打造具有辨识度的品牌形象，提升核心竞争力。

（二）坚持村集体主导地位，促进村集体经济可持续发展

发展集体经济是实现共同富裕的重要保证，是促进农村经济发展的推动力。村集体主导地位的强与弱直接关系到百姓生活水平的高与低，以及带领广大农民发展致富的能力和可持续发展能力。因此，枫石村在依托湖羊产业发展上下游产业的同时，一定要坚持村集体主导地位，不能将自己的竞争力寄托于某个企业或单个行业。产业是村集体经济发展的重要载体，但不能是唯一途径。枫石村依托羊文化打造大健康文旅产业、发展相关衍生产品，要重点培养村集体经营发展能力，培养村基层党组织的凝聚力、战斗力，培养村致富带头人；要建章立制，规范村集体组织管理、经营管理，以及法律制度建设，为村集体经济发展提供制度保障；扶持产业，发展好基础产业，打造好拓展产业，走第一、第二、第三产业融合发展和绿色、循环、可持续发展道路。

（三）抱团取暖，努力打造共富联盟

2017年，枫石村支书陆承江兼职三卿口村书记，成为"跨村任职""一肩挑双村"的书记。枫石村可借助跨村党建联盟的方式形成共富联盟体，不断壮大联盟体生态湖羊产业链条、古瓷器文化旅游精品线路开发等产业项目。

集成借力，多元融合，"种"出幸福新生活

——衢州市柯城区沟溪乡余东村共富模式探索

摘要：2019 年 8 月，衢州市率先启动以人为核心，打造现代化、国际化的未来乡村样板，实现人与自然高度融合的诗意栖居。2020 年 9 月，柯城区沟溪乡余东村响应政策号召，以面向未来为特征，以聚合乡村新型社群为核心，开始未来乡村建设。余东村通过种文化为共同富裕固本铸魂；通过种产业为共同富裕强基增能；通过种品牌为共同富裕赋能增效；通过种机制为共同富裕保驾护航。余东村不断创新乡村治理模式，助力未来乡村产业发展。在乡村建设方面，余东村有其独特的经验，运用山海协作实现集成借力谋发展；发挥品牌效应，实现农业、旅游业提质增效；整体智治，为乡村治理现代化赋能；党建引领，三治融合助推共同富裕。深化未来乡村共富模式改革，可以从如下路径进行探索：深化未来乡村场景营造，以文化特质展现乡村美好生活；文旅创新融合，实现乡村经济和文化等的持续振兴；增强未来乡村党建联盟"向心力"，串点成线、连线成片。

关键词：农民画；文化产业；未来乡村；共同富裕

一、背景情况

柯城区沟溪乡余东村位于柯城区西部，地属丘陵。距市区 16 千米，该村因坐落在大俱源溪以东，且大部分村民姓余，故称为余东村，村内交通发达、环境优美、文化深厚。全村区域面积 2.16 平方千米，有村民小组 7 个，农户 247 户，户籍人口 812 人。余东村是全国十大农民画村，800 多人的小村庄有 300 多人参与农民画创作，其中骨干成员 50 余人。中国美协分党组书记徐里等名家、学者长期对余东村给予关心和大力支持。余东村先后荣获全国美丽宜居示范村、中国十大美丽乡村、全国文明村、全国民主法治示范村和省级生态文明教育基地、省级"微改造"示范村等荣誉（图 6）。

2020 年 9 月，柯城区启动余东村未来乡村建设，围绕"三主五化十场景"建设要求，积极探索具有余东画村特色的未来乡村建设模式。余东未来乡村建设过程中，建立了"文化融合、产业联动、共富联盟"机制，勾勒出一幅"望得见山水、看得见文化、留得住乡愁、引得进产业、带得动致富"的幸福画卷，打造了新时代文化高地，给村民带来物质上的富裕富足，还有精神上的自信自强，让共同富裕成为余东人看得见、摸得着、真实可感的事实，并带动了余东周边村一起走上共建、共治、共享的共同富裕新路子。

图 6 余东村街景

二、发展现状

为深入贯彻落实"乡村振兴战略"和浙江省"未来社区"试点工作部署,2019年3月,衢州市在城市版"未来社区"的基础上,率先启动"未来乡村"试点建设。按照浙江省农业农村厅《关于开展未来乡村建设试点的指导意见》(征求意见稿还未正式发布),旨在围绕"活力新衢州、美丽大花园"的核心定位,以新时代美丽乡村为基础,打造一批引领乡村振兴的生态、生产、生活共同体。2020年9月,柯城区沟溪乡余东村开始未来乡村建设,以可持续发展为导向,以面向未来为特征,以突出乡村品质生活为主轴,以聚合乡村新型社群为核心,构建一套以"未来文化、生态、建筑、服务、交通、产业、数字、治理、精神"为重点的场景和集成系统。"未来可期,未来已来。"余东的未来乡村建设踏上了征程。

(一)物质文明

近年来,余东村深入挖掘农民画文化、创新文化产品、强化数字应用,全面提升文创产品品位、合力塑造画村品牌名片、延伸完善产业链条,消费场景加速向线上转移,大大提升了余东未来乡村集体及村民致富进程,闯出了一条以文化振兴带动乡村振兴的推广新路子。2020年余东村人均可支配收入达30026元,同比增长12%。余东未来乡村建设突出体现"人文生态也是金山银山"的主题,通过"一幅画"推动农文旅产业融合发展,形成"农民画+文创+旅游+研学"的产业链,实现农民画从卖画到卖文创、卖版权、卖风景、卖旅游的"四个转变",同时带动研学游、餐饮、民宿等第三产业的发展,实现村集体和村民增收致富。2020年村集体经营性收入为42万元,2021年已经突破100万元。

(二)文化底蕴

余东村以农民画而闻名。2003年4月该村创建了柯城区第一支农村文化创作协会,会员人数有300余人,协会包括农民画、竹编、剪纸、扎灯等11个项目,累计培训人数1200多人次(包括周边村民),极大地丰富了村民业余文化生活，受到村民的欢迎与好评。在此基础上，乡党委政府在推动农民画发展上遵循"政府推动、坚持特色、提升品位、市场取向"的工作思路，促进了农民画的长足发展，同时也取得了丰硕的成果。目前，以余东村为主的创作会员中有 4 人是市级书画协会会员，8 人是区美术协会会员，16 人是区书画协会会员，协会会员创作的《百羊图》《橘林深处捉乾隆》《秋山图》等 40 余幅作品分别在国家、省、市级书画比赛中获奖。

三、具体做法及成效

（一）种文化，为共同富裕固本铸魂

余东村的文化经历数十年的培育与发展，具有独特的底蕴和特色。作为农民画村，余东村农民画家们"白天扛锄头、晚上拿笔头，卧室当画室，门板当画板"，数十年坚持创作，成为农村一道独特的风景和"文化符号"。余东村的文化"种植"过程，主要分为三个阶段：一是早期埋下"文化种子"。20 世纪 70 年代，郑根良、余统德等几位爱好画画的村民在当时文化馆老师毛翔先、刘津朱的指导下，走上了农民画创作之路，为余东画村埋下了艺术的"种子"。二是种出"文化大树"。在沟溪乡党委和余东村委指导下，余东村创立了集农民画协会、画家工坊、创作培训班为一体的"一会一坊一班"传承与发展机制。目前，全村共有村民 800 人，其中参与农民绘画的有 326 人。余东村第一代农民画家余春良祖孙三代 50 年来接力农民画创作，是余东农民画家群体坚韧和执着的典型。三是结出"文化果实"。越来越多的余东原乡人从"传统农民"转型为新时代画家、画匠。例如，村民余云梅从原本纯粹的家庭主妇变成了农民画家，一年下来绘画和墙绘收入有十余万元，同时政府又有绘画稿费和获奖奖励，年末还有村集体收入分红。余东村的文化建设如火如荼，不断扎根于乡村土地，开出绚丽多姿的"文化之花"。

（二）种产业，为共同富裕强基增能

突出以文兴业，实现从卖画到卖文创、卖版权、卖风景、卖旅游的跨越式高

质量发展。目前,已有 24 家不同业态的主体入驻余东村。

1. 融画入村,做优文化产业。一方面,余东村通过"请进来＋走出去"的方式,邀请著名画家罗剑华等 20 余人在余东村设立工作室,成为余东的新乡人,组建农民画家墙绘队,以"画"入景扮靓乡村。与此同时,全国各地其他乡村也邀请墙绘队前往创作,拓展了农民画家就业渠道。积极拓展农民画销路,促进农民画家增收。另一方面,余东村开辟农民画线上交易平台,培育本土直播网红,线上线下销售农民画及版权,画作最高单价达 1 万元。中国(余东)乡村美术馆自去年 9 月开馆以来,先后举办全国农民画、国画、水彩画展等各类展览 8 场,仅 2020 年一年,农民画骨干画家年收入 20 余万元(图 7)。除此之外,余东村还深挖农民画内涵,与万事利集团、中国美院合作,目前已开发农民画工艺品、纺织品、纪念品等文创衍生品 80 余种。

图 7　中国乡村美术馆

2. 串珠成链,做优文旅产业。余东村从卖画到卖旅游转变,由村集体与金色假日公司合作,打造打麻糍、磨豆浆、抓泥鳅等 20 余个项目的农耕文化园项目,涵盖了多种研学主题课程。通过将廉政教育、农耕文化园、农民画展示、"一米菜园"等项目串珠成链,推出研学游精品线路、网红打卡点,吸引全国知名美术院校、培训机构、中小学来余东村研学。自余东未来乡村开园以来，共吸引265批约2.3万名学生来余东村研学，带动村集体增收40余万元。建设了农耕文化园、青年旅社、民宿、艺术地球村研学基地等一批文旅融合产品。余东村村民们也纷纷开了小吃店、面条馆、民宿等。"妈妈味道"餐馆业主肖美仙称赞道："政府为鼓励我们创业，房租、装修都免了。"余东村还与衢州早田农业科技开发有限公司合作，发展壮大蔬菜产业，推动农文旅融合。2021年"五一"期间，余东村接待游客1.5万人，带动周边农家乐、民宿创收近120万元，农民画文创产品热销市场。

3. 思路转变，做优创新产业。余东村从卖画到卖版权转变，与华为技术有限公司合作，开发余东农民画手机端产品，进驻拥有5亿用户的"华为主题商城"，开辟"掌上市场"。聚焦打造余东村文化IP，开发农民画系列手机壁纸、主题，用户每下载1次，村集体可增收2元，既提高了余东农民画的品牌知名度，也实现永久性的版权售卖。目前共上架农民画主题壁纸33款，自3月底上线以来，累计收入达11000元。通过充分的"深、实、细、准、效"市场调研，解码余东农民画文化因子，把农民画元素融入陶瓷制品、丝巾等文创产品设计，开发了45款衍生产品。线上借助抖音等平台销售，线下开设余东农民画南孔文创产品展示馆，实现以文促旅、以文增收，2020年农民画文创产品年产值达到280万元。

4. 联盟共建，做优抱团产业。余东村不断吸引新乡人、归乡人前来创业，构建起了以原乡人、归乡人、新乡人为主体，有人来、有活干、有钱赚的乡村发展新局面。为了形成产业联盟形式抱团发展，余东未来乡村还成立"十大碗"等产业联盟，实现农户在家烧好菜就能增收致富。一年来，农民画产业产值达1500万元，通过发展农民画产业，村集体收入增加70余万元，村里定期给村民分红，形成村集体和村民都增收的双赢局面。

（三）种品牌，为共同富裕赋能增效

文化品牌是地方的金字招牌和重要窗口，是增强余东村线上线下流量、展现文化软实力的重要途径。

1. 艺术大师请进来。邀请全国知名艺术大师前往余东村交流采风,建立个人研学工作站,入驻余东村成为新乡人,提升了余东文化软实力。安冉就是余东村的归乡人,是余东村"南孔文创"项目负责人,通过租用一间普通的农房,打造成咖啡画廊、文创体验馆、网红打卡地,吸引了其他艺术创作同行来余东村考察创业,成为余东村的新乡人。

2. 本土画家走出去。余东农民画还走进了北京,走出了国门。除了在恭王府博物馆办画展,还应邀参加第十届阿曼马斯卡特文化艺术节。在建党100周年之际,精心创作了以"感恩共产党 描绘新时代"为主题的百幅画卷,在浙江展览馆展出。

3. 参加全国比赛。余东村出台系列政策,鼓励农民画家主动参与各类创作、交流、培训等全国性赛事活动,全国农民画研讨会在余东村召开。全村目前有近300幅作品先后在全国各大展(赛)中获奖,进一步打响了中国农民画第一村的招牌。

4. 线上线下增流量。据统计,中国(余东)乡村美术馆、竹编馆等月人流量5万多人次。20来岁的余东村姑娘周娟,租用古民居,开直播和做抖音账号"衢州小孔雀",目前已拥有粉丝50余万人。她说这些粉丝量,对余东村及周边特色农林产品的销货量有直接推动作用。

(四)种机制,为共同富裕保驾护航

余东村坚持文化搭台、经济唱戏、村村联动、干群合力,绘制未来乡村共富蓝图。2019年村集体经营性收入6万元,2020年村集体经营性收入42万元,截至2021年10月,村集体经营性收入107余万元。

1. 建立全村共富机制。余东村建立"226"机制,每年村集体收益的20％用于公益,20％用于村民分红,60％用于继续投资。

2. 建立资源整合联盟。通过产业联盟、商户联盟、就业联盟三大联盟建设,形成要求村民全参与、资源全整合、品质全流程、管理一体化的共建共治共享共富综合体。如余东村先后成立了农民画发展有限公司、余东研学旅游公司、民宿联盟、水果专业合作社、"一米菜园"等8家产业联盟,探索"企业＋集体

＋农户"不同模式运营。仅"一米菜园"产业联盟，就加盟农户 112 户，整合形成种植土地 32 亩，与衢州市东方商厦进行农商对接，在超市设立专柜，年销售额 120 余万元，户均增收万余元。

3. 建立九村共富联盟。以文化做媒，村庄联动，抱团发展，柯城区沟溪乡组建以余东村为龙头，余西村、碗窑村、碗东村、后坞村、洞头村、沟溪村、五十都村、斗目垅村共 9 个村结盟的未来乡村联盟。未来乡村联盟成立后，聚焦一村一特色、一村一文化，把村庄串点成线、聚线成面，携手打造文化产业带，在项目建设、产业培育、产品销售等方面实现抱团发展。

余东村画出了区域文化联动，形成串点成线的文化振兴带。聚焦一村一特色、一村一文化，把村庄串点成线、聚线成面，携手打造文化产业带，依托以碗窑陶瓷文化、后坞书法文化、沟溪儒家文化等为代表的优质文化因子与农民画的联动，开创出"画·瓷""画·艺""书·画"等文化品牌。

四、经验启示

(一)山海协作，集成借力谋发展

当前，余东村的发展面对的是开放的要素市场，包括资金、技术、人才、信息等各种发展所必需的要素，不必"为我所有"，但求"为我所用"。余东村在发展乡村经济的过程中，就是运用集成思维，借力发展，开展一系列山海协作援建项目。根植于优美的自然环境，建设写生宿舍项目，盘活当地农村闲置资源；开展德门龙面条项目，带动农产品销售近 200 万元，推动"两增收"，助推乡村振兴；建设露营基地，总投资约 400 万元，打造余东独特的旅游品牌。与此同时，成立就业联盟、商户联盟、产业联盟、村村联盟等乡建联盟，集成各项资金、技术等，集聚在余东村这一发展平台，达到助推产业发展的目的。集成不是照抄照搬，而是要根据当地实际情况，创造性地加以利用，集成借力也要讲究策略。

(二)品牌效应，实现农业、旅游业提质增效

信任是最大的交易成本，品牌是基于信任的共识。乡村地区最大的优势就

是文化的沉淀,当地有故事的人、有纪念意义的建筑等都可以成为当地品牌,从中选择最具特色的文化亮点,集中打造和创新,必能改变当前乡村现状。例如,浙江青田县龙现村依托全球重要农业文化遗产的品牌效应,通过古老的"青田稻鱼共生系统"打造独具特色的乡村遗产旅游。这样的发展模式不仅促进了当地经济快速发展,更形成了远近闻名的"青田模式"。

文化品牌是余东村的金字招牌,如何打造并利用好这个金字招牌是余东村需要思考与探索的关键点。余东构建了网上商城,利用数字技术降低生产、流通、销售过程中的生产成本和交易成本,解决供需错配问题,与此同时,还可以解决消费者和生产者之间的信任问题。比如,区块链、物联网等技术,可以用于建立新型数字信任。数字技术赋能叠加品牌效应可以有效解决产品的信任问题,让质量上乘的农产品和文创产品等赢得消费者的信赖,大大促进优质乡村产品的销售量,而市场的叫好和品牌效应又反作用于生产端,以更加优质的农产品和良好的服务回馈于消费者,形成农业、旅游业提质增效的良性循环。

(三)整体智治,赋能乡村治理现代化

余东村全面推进基层民主法治、社会治理等民生领域数字化改革和信息化深度应用,使"整体智治"不断赋能乡村治理,加快推进治理现代化。一是"共享法庭"系统助推基层数字化司法监管,深入推进"全域数字法院"改革,为当地百姓提供异地线上司法服务,以制度引领小微权力监督向基层延伸,实现权力的数字监督。二是"智慧旅游"平台促进经济发展。聚焦数字经济产业,余东村作为未来社区示范点,积极加快"智慧旅游"升级,建成"智慧旅游"综合管控平台、旅游数据分析平台、电子导览、综合管理等系统。三是创新数字化治理。余东村建立水位监测系统,实时预报当地河流水位,避免因极端天气而导致的风险与危害。此外,余东村还构建了无人机巡航制度,定期巡航村域,大大降低了山林火险,也有力地助推了乡村现代化基层治理。推进政务服务一体化、集成化构建,同时搭建大数据中心,实现治安管理智能化,为新时代"网格连心、组团服务"夯土筑基。

通过数字乡村建设实现共同富裕,政府要推动数字技术与农业及其他产业

融合发展，打造可持续发展的商业生态。一是延长产业链。通过综合利用大数据，精准把握消费者偏好，开发可满足消费者期待的产品；大力促进数字技术与种植业、林业、旅游业的融合，为乡村产品深加工、精加工赋能；借助互联网平台企业的资源整合优势，发展创意农业、认养农业、观光农业、都市农业等新业态。二是促进产业融合与联动。充分利用新媒体，打造各类网红产品、网红打卡地，建立名牌产品与普通产品的链接，以名牌产品带动普通产品。加强农业与旅游业、文化产业融合发展，促进游憩休闲、健康养生、创意民宿等新产业新业态发展，建立层级更高、结构更优、可持续性更好的乡村现代化经济体系。

（四）党建引领，三治融合助推共同富裕

自治、法治、德治"三治融合"，有利于聚集力量、凝聚人心，营造共建共治共享局面，充分发挥党员、乡贤、志愿者作用，组建乡贤参事会、百姓服务队、平安巡防队等组织，提升村民参与村庄建设的积极性，构建共谋共建共治共享的乡村治理新格局，最大限度激发基层发展活力，提升未来乡村社区的现代化治理水平。

办好农村的事情关键在党，村级党组织是村庄治理的领导核心，决定着一个乡村的发展方向。在村规民约的制订方面，余东村坚持"村民事村民定村民守"原则，充分发挥村民的自治作用。在制订过程中，广泛征求村民意见，并由村民大会表决通过，体现了村民的建议权和决定权。在村规民约的实施方面，余东村对遵规守约者进行物质奖励，将违规违约者纳入红黑榜公示，并取消享受村集体的分红收入、奖补资金、福利政策等措施，规范村民行为，提高村庄治理参与度。余东村在坚持党建引领基础上，在村庄事务决策方面，以"遇事大家议、决策大家定、大事大家干"的原则，充分发挥"两山议事会"作用，实现村民事村民议、村民事村民办、村民事村民管，充分发挥村民参与村庄治理的积极性。

在党建引领下的未来乡村社区建设需要更多的创新与更精细化的服务，余东村在实践中不断突破，逐渐形成独具特色的余东未来乡村发展经验，为浙江高质量发展建设共同富裕示范区作出余东实践、提供余东经验。

五、深化未来乡村共富模式改革的建议

（一）深化未来乡村场景营造，以文化特质展现乡村美好生活

目前，余东村的统筹谋划不够超前，在乡村场景的营造上需持续创新。乡村场景的营造实际上是在乡村振兴战略背景下，以前瞻性的视角提出未来对于乡村发展的美好期望，在乡村能够建立起一种更加舒适的生活方式，让乡村成为未来人们生活就业的优质选择。未来乡村在美丽乡村的基础上打造，更注重的是未来场景的营造。如何打造邻里、文化、健康、低碳、产业、交通、风貌、智慧、治理、党建等系列场景，推动未来乡村内社群全生命周期化服务建立，形成共建共享、共治共富的格局是乡村场景营造的关键点。

乡村场景营造从乡村发展的空间、产业和人文的维度出发，确立三条主要发展路径。

1. 以促进三种空间协调发展、构建乡村和谐空间关系为主要目标的空间打造。

2. 以发展特色农业、创新产业形态为核心目标的产业构建，让村庄能够实现自我造血，实现产出大于投入。

3. 以满足人们对美好生活的诉求为出发点的人文生态营造，旨在以文化之光启迪乡村产业结构重塑，以文明之力推动居民重建文化自信，以文化特质展现乡村美好生活。

（二）文旅创新融合，实现乡村经济和文化等的持续振兴

文化振兴作为实现乡村振兴的重要内容，对乡村文旅产业融合发展起到重要作用。作为一种特殊的"生产要素"，文化力量同土地、劳动力和资本等传统经济要素互为关键因素。因此，促进传统乡村文化同现代旅游形式、商业贸易、数字金融、高科技等融合发展，积极培育和发展乡村文化生产力，让文化成为乡村发展新动能，完善、利用具有传统乡村场所精神的乡村公共文化场所和角落

空间、古村落等文化资源，打造一批精品特色文化旅游小镇，有利于促进乡村文化旅游的转型升级，促进共同富裕战略目标的实现。

（三）增强未来乡村党建联盟"向心力"，串点成线、连线成片

余东村制度建设还不够完善，联盟纽带还不多，要用好制度发力，深化"基层党建＋平安乡村"模式，构建创新、高效、务实基层党建工作新格局。加强作风建设，严管党员干部。常态化开展廉政教育，组织廉政宣讲、廉政测试等活动，不断增强党员干部的廉政意识和法治观念。进一步健全廉政制度，积极运用"四种形态"，加强作风建设，严格用纪律约束党员领导干部，把廉洁自律真正体现和运用到工作的各个方面。积极发动群众参与，抓好乡村治理文章。抓好"县乡一体、条抓块统"试点建设，统筹机关部门力量，服务乡村建设发展。畅通村民游客参与村庄治理渠道，完善积分管理激励措施，邀请"新乡人、归乡人、原乡人"共同为未来乡村建设出谋划策、把脉问诊，建立一个全面发动、全民参与、人人都是大环境、人人都是主人翁的未来乡村现代化治理格局。

活泛"土地经济" 创新"三产融合"致富路

——衢州市大溪边乡上安村共同富裕模式探索与实践

摘要：通过充分开发本村土地经济，做实第一产业。上安村共同富裕的道路关键是扎根"土地经济"，促进第一、第二、第三产业的相互融合，实现"三产融合"的可持续发展。同时，坚定走"产业发展就地化"道路，引进红高粱、油菜等适合本村种植的经济作物，夯实了第一产业基础；致力"产业的多元化"谋求高附加值的农产品生产深加工，既解决农村品增值问题，又解决村民就业问题。农产品加工企业的建立为基础农产品的种植保驾护航，实现农户敢种、能种、愿种，且农产品能卖、易卖、好卖的良性循环。此外，以上安村为中心，向周边村落技术输出、资源整合，形成资源的整合效应，为第二产业的上规模提供了有利基础，同时开发第三产业旅游业，进一步解决了资源的循环再利用问题。最后，从发展面临"增量"与"增质"不同步、村民致富与集体共富不平衡、物质共富与精神共富需协调等方面，提出上安村共同富裕建设的政策建议。

关键词：产业多元化；山区共富；资源整合；三产融合

一、村情概要

　　大溪边乡上安村位于开化县西北部最偏远的深山区,交通不便,远离县城38千米。辖有上安、上坞、松坞等3个自然村,8个村民小组,262户,782人。境内有钱江源头马金溪的主要支流村头溪,村域地表水水质常年达到Ⅰ类水质标准。村庄依山傍水,森林密布,植被丰富,环境优美,风景秀丽,空气质量优良,负氧离子丰富,是钱江源头最佳的人居处所。东邻淳安县千岛湖国家风景旅游区,交通直达,非常适合依托于千岛湖景区发展乡村旅游度假产业。截至2021年,上安村先后荣获浙江省卫生村、浙江省"一村万树"示范村、浙江省AAA级景区村庄、浙江省美丽乡村特色精品村、衢州市卫生村等荣誉称号,实实在在地成为远近闻名的共同富裕村(图8)。

图8　金竹岭党建消薄基地

　　曾经的上安村是典型的劳务输出村。全村常年有400多人在外打工,占全村户籍人口的50%以上,是典型的劳动力输出村。由于村民外出务工较多,田地大多闲置,全村500亩地,真正在种的不到300亩,"空巢老人""田地撂荒"是村貌的鲜明特征。尽管2003年,浙江就已经开始在全省开展"千村示范、万村整治"工程,但上安村的发展一直未能摸索出一条符合村情、可持续发展的模式。

　　从2015年以来,村党支部在上级党委、政府的大力支持下,坚持党建统领,积极带领全村党员、干部和群众深入践行"绿水青山就是金山银山"理念,创新发展"红高粱＋油菜花"产业,成功打开了农村生态产品转换新通道,取得了良好的社会和经济效益,成功打造了山区农村乡村振兴的"上安模式",幸福圆上了"人人有事干、家家有收入、村村有产业、处处有美景"的乡村振兴、共同富裕的梦想。目前,该村已经形成了以"红高粱"种植为基础的深加工产业链、基于农业田园种植的农村旅游业的山区共富发展模式。

二、发展现状

第一产业欣欣向荣:上安村在改种红高粱之前,耕地抛荒已经十分严重,水稻耕种面积已经不到 200 亩。全村有一半的耕地都是芒秆丛生,土地资源得不到利用,还带来严重的森林火灾等安全隐患。目前,全村不仅解决了撂荒的土地,而且新开垦耕地,并在已开垦的土地实行轮种,每年轮作种植红高粱 500 亩、油菜 800 亩(其中彩色油菜花新品种 100 亩)。

第二产业蓬勃发展:红高粱、油菜等经济作物的种植还属于初级农村品,给村民带来的增收是有限的。成立了相应的农村产品深加工厂,如酿酒厂、榨油厂等。顺利打开上安村农村生态产品转换新通道,取得鲜明的社会和经济效益,促进了村级第二产业的形成。2021 年统计数据显示,全村红高粱、油菜系列农特产品年均销售额已达 600 万元以上,实现亩均收入 10000 元以上,带动 300 多位村民人均增收 15000 元以上(图 9)。

图 9　上安村高粱酒

第三产业成效显著:在大规模种植红高粱、油菜的基础上,上安村成功打造了农作物观光旅游业。通过多村联动,上安村"夏种高粱、秋看高粱红、冬种油菜、春看菜花黄"的美丽梯田景观已经成为衢杭、开淳边线上一道亮丽的梯田景观带,乡村旅游已经取得初步效益。目前,上安村已成功创建浙江省美丽乡村特色精品村、浙江省AAA级景区村庄,每年吸引全国各地赏花客和酒友10万人次以上,乡村旅游年均增收200万元以上。同时,配套林业"一村万树"等项目,实现景区再提升。围绕上安梯田景区共完成珍贵树种造林18000余株,投入资金180余万元。在景区周边打造新的景点石赛坞古树公园,投入资金11.5万元,丰富了上安村农业旅游的资源种类。

三、典型经验

(一)产业精准化:转劣势为优势,探索因地制宜的发展模式

无论是扶贫还是共富,挖掘或引进符合地方实际情况的产业,实现本土内涵式发展才是可持续发展。上安村的现实状况与条件:首先是土地资源稀缺,"田无一亩大,山高坡陡斗笠田",土地是农村发展的"决定性要素"。上安村耕地都位于山坡上,而且都是山高坡陡、宽不足三米的"斗笠田",土地不能平整,农业机械化困难。没有水资源,旱季缺水严重,不适合种植水稻。其次是劳动力资源流失严重。耕田种地是劳动强度很大的工作,需要强劳力。上安村因为耕地面积不足和产出不高,大量的青壮劳力都外出务工。在家的主要劳动力为60岁以上老人和妇女。再次是地处山区,交通闭塞。进村的道路穿越山涧,崎岖蜿蜒,又远又难走。由于交通不便,农产品不能及时投入市场,也就不能有效转化为村民口袋里的财富。

综上,上安村要谋发展,就必须转换发展思路。先天条件不足,就要因地制宜,按照"找差距、补短板"的思路转劣势为优势。

1. 想清楚"要发展什么"。正所谓"靠山吃山,靠水吃水"。上安村作为典型的山区农村,拥有的先天条件只有"土地",农作物种植似乎是最应当选择的

产业。经过县、乡(镇)、村领导人不断思考摸索,最终还是选择走"土地经济"的道路,但不是单纯的"种田吃饭",而是"种田致富"的道路。

2. 解决好"能种什么"。在此之前,上安村探索过种植各类农作物,结果都不甚满意。地处山区,土地不平整、面积不够,灌溉的水资源也不足,传统的水稻种植走不通。同时全村劳动力不足、水资源不足、交通不畅,所以,新的种植方向需要满足劳动力强度低、对水资源要求不高、产品不需及时保鲜和上市交易等条件。在此背景下红高粱成为最佳选择,最初的试种成功让村民相信种植红高粱是正确的选择。

3. 计划好"怎么种"。通过几轮的红高粱种植,村民已经有了相对稳定的种植经验和增收效果,但是全村耕地面积少,导致仅仅依靠种植红高粱,其发展的"天花板效应"是比较明显的。后期摸索的油菜等旱粮作物进行一年两季轮作,可以发挥土地等资源优势,还能带动留守妇女、老人参与生产。

事实证明,上安村发展种植业,走"土地经济"是正确的选择,也是基于现实村情的最佳发展道路。

(二)致富多元化:一生二,二生三,构建三产融合发展全体系

乡村发展要充分利用好"土地要素"是必然的,但是共富发展不能仅仅是单一的"土地经济",而是要立足土地,走多元发展、产业融合的立体发展道路。这也是上安村共富的可持续发展的关键。

1. 由第一产业引入第二产业。上安村跳出传统农业一直以来把第一、第二、第三产业互相割裂、各自发展,导致农村只生产初级产品的惯性思维,积极探索高附加值的农村品深加工产业(第二产业),让村民种植红高粱、油菜不再担心"怎么卖""卖不好"的问题。

2. 扩大第一产业,做大做强第二产业。为了更好地满足第二产业的原材料需求,保证深加工产品的生产,上安村集体开荒土地近300亩。同时,与周边高校合作提供农作物品种、提高种植技术以提高农作物产量和品质。实现了从红高粱、油菜种植到红高粱酒、油菜籽油加工、销售。增加种植规模后新建了红高粱酿酒作坊、油菜籽油低温压榨生产线等产品加工设施。

3. 深加工的同时走品牌路线。在县城和周边地区开设"金竹岭"品牌门店,向市场销售有更大经济附加值的红高粱白酒、油菜籽油、红高粱面、红高粱民宿(农家乐)等增值产品,实现产业经济效益最大化。全村红高粱、油菜系列农特产品年均销售额已达 600 万元以上,实现亩均收入 10000 元以上,带动 300 多位村民人均增收 15000 元以上。自 2017 年以来,村集体集中开垦外出村民抛荒闲置耕地,统一种上红高粱、油菜,做大做强了村集体经济,实现年经营性收入 20 万元以上。

4. 在第一产业和第二产业的支持下,引入"旅游"这个第三产业。一是上安村与上海、杭州等地养老养生公司进行游客引流合作,发展乡村休闲旅游,积极打造"红高粱+油菜花"特色农业和旅游品牌。深入挖掘"上善若水,安家乐业"的村庄文化和"金竹岭古村落"的地方文化,举办中国农民丰收节、红高粱节、油菜花节等节庆营销活动。目前村里的"上安梯田""丰收节""高粱酒文化"等已成为重要的农业旅游资源。二是与浙江省农科院、衢州职院、衢州市委党校等单位合作创办开化县红高粱共富培训基地,发展研学培训旅游,打通农工商三个不同产业环节,实现第一、第二、第三产业融合发展,创新了一个"粱花"全产业链。参加上海、南京、杭州等地的农博会、年货节等产品展销活动。

综上所述,上安村通过发展"粱花"产业,一举解决了农村土地抛荒严重和低收入农户就业增收难题。同时,开化县邻近杭州千岛湖,距环湖公路仅 10 千米,具备"融杭接沪"发展战略最前沿的区位优势,进行农作物景观化种植和景点布局,打造钱江源国家公园连接千岛湖风景区的重要景观节点、旅游中枢、开化县对外形象展示的新窗口。

(三)发展抱团化:由点到线再到面,整合区域资源,创新联盟抱团发展的共富新模式

像上安村这样的山区农村在大溪边乡还有不少,上安村的发展经验具有非常高的"可借鉴性""可复制性"。这也为整合区域资源、抱团发展提供了可行性。

1. 整合村民,化个体为集体。以村集体持有的集体土地所有权为核心,对全村村民持有的集体土地承包权和经营权进行了股权改革,筹组上安梯田农业开发有限公司进行统一管理,整合全村劳动力,组建新的农村生产队负责承包耕种、加工和销售。同时,为了避免"吃大锅饭"的现象,上安村结合村情,对村集体进行了分工。在家村民负责基础种植、产品加工,年老体弱者参加景区保洁,外出乡贤能人负责品牌宣传和产品销售,人人都参与产业的种植、加工、销售和旅游等各个环节,做到了人尽其才。

2. 联合周边,组建发展联盟。仅仅依靠上安村一村的资源,发展是有限的。为此,上安村积极联合大溪边乡 12 个村,先后组建大溪边乡高粱红党建联盟、红高粱产业协会、开化六都集体经济发展有限公司等,成功创建大溪边乡红高粱省级特色农业强镇。还与开化县内其他乡镇种植红高粱村子、相关国企、科研单位和金融机构等组建开化县红高粱共富联盟,创办红高粱科创中心。与邻近的千岛湖枫树岭镇、桐庐县百江镇等地组建跨区域党建合作联盟、打造"上安下姜""上安郭村"等红高粱共富示范带,实现区域抱团一体、协同发展。

3. 大胆合作,积极辐射。上安村主动与浙江大学、浙江省农科院、开化两山学院等单位合作开展红高粱、油菜等种植培训,组建"红高粱师傅"队伍走入联盟成员村指导,每年培训指导 40 余场次 4000 余人次。通过联盟合作,把联盟村的资源开发与利用、"上安模式"的传播与应用推向更广阔的区域。事实证明,参与抱团发展的村子都取得了不错的社会效益和经济效益。目前,开化县红高粱产业已扩展到全县 12 个乡镇 10000 余亩,年产值 7000 万元以上。参与的村民都有了稳定的经济收入,上安村村民收入已经实现连年增长,2021 年实现人均可支配收入 1.57 万元,村集体收入近三年增长近一倍。见表1。

表1 大溪边乡上安村村民、村集体收入变化表

年份	农村居民人均可支配收入(万元)	村集体收入(万元)
2019	1.12	16.6
2020	1.24	20.3
2021	1.57	30.2

如今,上安村通过发扬"奋发奋进、敢想敢干"的"上安精神",发展"红高粱＋油菜花"产业,创新乡村振兴、共同富裕的"上安模式",已经初步实现农业增

收、村民增富、集体增强、村庄增美,正逐步从一个开化县最偏远、落后的省级重点贫困村,发展成为一个周边地区知名度较高的红高粱特色小镇、乡村旅游"网红"热点,一个欣欣向荣的社会主义新农村。

(四)产教融合可持续化:总结致富宝贵经验,提升村民致富能力

基于上安村的共富经验,大溪边乡积极为本地及周边辐射乡镇讲授乡村振兴发展经验。

1. 服务本地村民,提高技能。针对大溪边乡各村讲授红高粱种植、红高粱酒酿造等产业知识以及提供特色小吃制作、茶艺表演等技能培训。培养了"粱花"产业讲师团8人,开课率高达100%。红高粱讲堂主动与江西农业大学进行科研合作,通过开展全产业链条培训、系列化妆品研制等,实现引导亩产增收上万元。在新冠疫情期间,为更好地开展经验普及推广,乡村振兴讲堂主动改革,积极创新。首先是讲堂教学形式的多样性。引入"空中课堂"教学模式,向农民群众传授农业技术、抗疫知识。其次是讲堂教学内容的指导性。通过浙江大学、中国农业大学、浙江省农业科学院等单位教授的现场教学,为群众提供先进的农技知识和专业技能,普惠广大农民群众。再次是讲堂教学方向的实践性。讲堂授课立足实践,反映农村基层人民群众最直接的需求,内容涵盖农技、医疗、职业技能培训等各个方面,贴近广大农民群众。

2. 品牌输出,提升村域知名度。乡村振兴、共同富裕的"上安模式"也得到了开化县及周边地区的全面借鉴和大力发展。上安村红高粱乡村振兴讲堂已接待了来自新疆维吾尔自治区和田地区、广西壮族自治区南宁市、陕西省彬州市、湖南省长沙市、江西省上饶市、安徽省黄山市、江苏省南京市等全国各地的乡村学员前来学习,2020年一年就开设乡村振兴专题课程60余课次,参与学员6000多人次,浙江全省红高粱产业已经发展到12万亩以上,带动了更多地区携手走上乡村振兴、共同富裕道路。

四、问题与建议

(一)发展面临"增量"与"增质"不同步:要着眼产业品牌的建设与推广

"上安模式"是成功的,是值得借鉴的,事实上,上安村的致富模式已经得到了邻村、县域、邻省的高度关注和学习。同时,上安村本身的发展也在不断扩大规模,如种植的土地面积、高粱酒的产量等。简而言之,规模的发展已经在不断的"量变"中。但是在量变的同时,没有很好地呈现"质变"。如上安村农产品的品牌建设缓慢,目前"高粱酒"的品牌效应还是可以的,但是连带的高粱面、油菜加工产品还未到得到市场的认可,市场需求不旺,制约了第一产业和第二产业的有效衔接。又如开发的乡村旅游"上安梯田"已经在省域内小有名气,接待的游客数量也非常可观,但是"留得住、能消费"的游客比例不高,对相关民宿、餐饮的消费带动效应有限。

综上"增质"是"上安模式"可持续发展要解决的关键问题,建议在传统的推广渠道之下,采取多维度的方式宣传上安农产品、旅游品牌,如开展直播、举办论坛等。

(二)村民致富与集体共富不平衡:整合村资源,注重村集体经济的建设

山区共富是浙江省山区 26 县跨越式高质量发展的重要举措。何为"共富"? 村民富,村集体更要富。上安村的致富之路为留村的村民解决了就业和发展问题,让广大村民不用背井离乡就能获得可观的经济收入。但是,要看到当村民个体因种植、农产品深加工、乡村旅游走上致富之时,村集体的经济规模和实力还处于相对偏弱的状态。表1数据显示,截至2021年,上安村村集体经济全年收入仅有30余万元,这在全县同规模乡村中并不突出。正如部分村领导干部所言,共富既要有个体意识,又要有集体意识,二者的任一偏废都不能说是真正的共富。

建议上安村坚持"聚少成多、聚散成团"的原则,做好如下两方面的工作:一方面是不停开发村集体各类资源,如耕地开荒、林业种植等,增加村集体所拥有的资源;另一方面是整合村民零散资源,走集体经济形式,采用统配形式调配各类资源,获取规模效应。

(三)物质共富与精神共富需协调:产业建设与文化建设两手抓

共同富裕不仅仅是装满"口袋",更要充实"脑袋",才能从里到外全方位实现共富。上安村产业振兴乡村的效果比较明显,一定程度上实现了物质共富。反观精神共富的建设则相对不足,没有有力的措施,村文化建设的步伐相对缓慢。

建议村集体在产业发展的同时,思考和规划村民精神娱乐事业的建设,包括村民学历教育、技能培训、村文化设施建设等。如可以分期建设"上安村文化馆",用文字和照片记录上安村由"穷"到"富"的发展历程,为后人和游客深入了解上安村提供抓手。

精神共富模式

精神共富引领的圈层式差异化
竞合共富共同体建设模式

—— 大陈未来乡村共同富裕建设实践

摘要：近年来，大陈未来乡村通过挖掘各村的特色资源优势，实施差异化发展，通过优势互补形成了差异化竞争合作的发展模式，使得大陈村和早田坂村综合体得到了跨越式发展，并以大陈村和早田坂村为核心开展片区式、圈层式发展，形成差异化竞合的共同富裕共同体。按照"做强核心、圈层发展、优势互补、全域推进"发展思路，构建圈层式差异化竞合共富共同体。大陈未来乡村在村歌治村实现精神共富的基础上，大力发展村歌文化产业链、红色研学产业链、特色田园休闲产业链，不断增加村集体经济和村民收入，为物质共富创造良好的条件。通过优化生态、实施智慧治理和关注低收入全体，不断改善群众生活服务，增强不同群体的幸福感和满意感。通过三个"一体化"和差异化竞合战略助力区域联动、协作共富。公司一体化运营大幅度提升产业链综合效益的特色做法，能整合资源、提高经济效益、促进共富。以特色为主线圈层式发展有利于实现片区集体共富，全面实现共同富裕。大陈未来乡村今后应强化专业化运营管理、加大对外营销力度、增加中青年群体的文旅资源及配套服务，进一步提升共同富裕建设效率。

关键词：大陈未来乡村；差异化竞合；圈层式发展；公司化运营

图 10 大陈未来乡村全景图

一、研究背景

大陈未来乡村由大陈村、早田坂村组成,大陈村面积 5.2 平方千米,辖区 7个村民小组 448 户 1375 人,党员 66 名。早田坂村村庄面积 5.37 平方千米,595 户,总人口 1879 人,党员 87 名。近年来大陈村先后荣获全国生态文化村、中国十大最美村庄、中国村歌发祥地、全国第三批美丽宜居村庄、全国闻名村镇、江山市和谐新农村、江山市首批中国幸福乡村、浙江省休闲旅游示范村的称号。早田坂村,毗邻大陈古村景区,是浙江省 AAA 级景区村庄、大陈景区镇的核心区。未来乡村第一产业年均增长率达到 6.9%,未来乡村工业生产总值年均增长率达到 17%,第三产业年均增长率更是超过 14.5%,每年都有近 50 批省内外领导到大陈村参观幸福乡村建设(图 10)。

过去的大陈村是个典型的后进村,因村办企业倒闭欠债 68 万元,2000 年村民年人均收入只有 4000 元,村里垃圾满地,污水横流,矛盾纠纷较多。人心涣散、不求上进成为困扰乡村建设和发展的重要阻碍,大陈村支部书记汪衍君提出了通过村歌治村、通过村歌凝聚人心、通过村歌调动积极性,开启了大陈未来乡村建设的新局面,形成了村歌精神共富引领物质共富的特色做法,成效十分显著。

先后实施大陈古村综合提升、早田坂村党建示范带等项目。其中,"红军大陈战斗研学游基地"项目在江山市第六届项目谋划擂台赛中获得二等奖。全域旅游真正实现,成功创建国家 AAAA 级景区——大陈古村景区和国家 AAA级景区——早田坂村凤鸣早田景区,全乡实现 A 级景区村全覆盖,2020 年全国全域旅游现场会,未来乡村作为考察点。资源禀赋充分挖掘,不断延伸村歌文化产业链、红色研学产业链和田园休闲产业链。大陈村和早田坂村充分挖掘各自特色,实现优势互补的差异化竞合发展模式,为建设大陈未来乡村共同富裕共同体建设奠定了坚实的基础。

二、大陈未来乡村圈层式差异化竞合 共富共同体建设的总体思路

大陈未来乡村共同富裕建设按照"做强核心、圈层发展、优势互补、全域推进"发展思路,构建圈层式差异化竞合共富共同体。总体建设思路包括差异化竞合、圈层式发展和公司化运营三个方面。

(一)差异化竞合战略

无论是核心村还是外围村,在进入大陈未来乡村时都要发挥各自优势,与其他村形成差异化发展战略,既避免了共同体内部的恶性竞争,又能实现优势互补,增强共同体发展的动力和核心竞争力。如大陈村和早田坂村就分别形成了互为补充的特色和优势:大陈村形成了以村歌文化为引领的村歌文化产业链、红色研学产业链,而早田坂村则形成了以田园为主的田园休闲产业链和田园研学产业链。

(二)圈层式发展模式

大陈未来乡村建设起初只有大陈村,后来逐步将早田坂村纳入未来乡村中。根据优势互补的原则,大陈未来乡村建设将逐步挖掘乌龙村的红色文化,以其他乡村的高端民宿为补充,形成以点成线、以线带面的圈层式发展模式,从而不断做大、做强、做富大陈未来乡村共富共同体。

(三)公司化运营管理

大陈未来乡村的差异化竞合战略为各村形成不同的产业链条,靠村民集体

经营势必存在很多短板，因此大陈未来乡村中的各村采取公司化运营管理，成立或聘请专门的公司开展产业链的公司化运营管理模式。通过公司化运营管理能实现集生产、加工、销售为一体的运作模式，加强大陈未来乡村各产品及旅游资源的对外营销，实现村集体及农户的大幅度增收。

三、大陈未来乡村精神共富引领的圈层式差异化竞合共富共同体建设的主要做法和成效

（一）"村歌治村庄"实现精神共富

大陈村是"村歌治村庄"的发祥地，大陈村支部书记汪衍君率村民创作的《大陈，一个充满书香的地方》和《妈妈的那碗大陈面》两首村歌在全村传唱，形成了"村歌治村庄"的典范，也让大陈村民率先实现了精神共富。大陈村形成男女老少齐声歌唱的氛围。从 2009 年开始，每年的十月初十，他们都要办麻糍节，每户均派代表在"赛歌擂台"上一展歌喉，庆祝丰收，表彰"三好"（好媳妇、好孝子、好家庭）。大陈村的"村歌治村庄"经验也在江山全市农村推广，目前全江山市 292 个村中，有 192 个村已有了村歌，有些还拓展办起了农家趣味运动会，当地人称："不管男女老少，人人传唱村歌，人人载歌载舞，人人献技显能。"通过村歌治村这一特色做法，大陈村形成了人人有责任、人人为发展、团结一心共富的良好局面，以"党建文化"为发展总引擎，借助村歌文化带来的叠加效应，全力打造乡村一体、动静相宜、内外兼修、农旅融合、主客共享的美丽乡村。

以村歌文化为核心，经常举办各类丰富多彩的活动，让快乐、激情和传承成为村民生活的主旋律。其中以农村党员为骨干，组建一支 60 人农民合唱队，作为唯一一支农民合唱队参加浙江省群众合唱大赛"庆建党百年 享美好生活"，获得了银奖，极大地提升了村歌振奋人心、凝聚人心、鼓舞人心的作用，使大陈未来乡村的村民率先享用了精神大餐，实现了精神共富。

（二）村歌文化产业链特色彰显

用好村歌金名片，将村歌转化成产业，也让产业发展反哺村歌文化，推动村庄从唱村歌的 1.0 版本上升到演村戏的 2.0 版本。以本土村民为主体，持续打磨浙西首部红色村歌主题实景剧《你好江山》和沉浸式村歌剧《大陈见面》，发挥"一地两秀"村歌剧魅力，不断打造村歌文化气息。值得一提的是，《大陈见面》至今已开演 62 场，吸引游客 1 万余人次，大幅带动了周边夜间经济的发展，让村民既富了脑袋，又富了口袋。同时大陈未来乡村积极响应年轻群体需求，以市场化为导向，将《妈妈的那碗大陈面》《大陈，一个充满书香的地方》等村歌进行文创产品设计、销售，使村歌文化内化于心、外化于行。与浙江艺术职业学院联姻，积极筹办集村歌创作、培训、展示等于一体的首个中国村歌学院，形成培训、创作、赛事一条龙文化链。充分发挥文化礼堂、新时代文明实践站和乡村振兴讲堂的功能，成立了浙江（大陈）美丽乡村戏曲旅游基地、小百花·浙江十大校园爱越基地大陈剧社、浙江（大陈）戏曲＋互联网实验基地等。邀请知名的戏曲老师到基地录制节目和直播带货，通过线上、线下相结合的方式吸引更多的戏迷到大陈未来乡村研学和关注大陈特色产品的销售和推广。

（三）红色研学产业链助力圈层发展

1934 年 9 月 15 日，红军北上抗日先遣队在寻淮洲、粟裕、乐少华等将领带领下，与国民党王耀武麾下的补充一旅在大陈发生了土地革命时期衢州境内最大的一场血战——红军大陈战斗。为赓续红色基因，弘扬本土红色文化，大陈未来乡村着重打造提升了红军大陈战斗研学游基地，与红军北上抗日先遣队纪念馆、老兵之家、红军路等红色资源衔接，形成一个覆盖大陈、乌龙、夏家的红色主题研学圈。大力扶持本土旅游公司浙里栖，将大陈红色主题研学游统一包装，推出系列研学游产品，现已接待团队 80 余批次，游客 6000 余人，带动周边旅游收益 80 余万元。

（四）特色田园休闲产业链效益显著

大陈未来乡村围绕旅游富民，持续做强以大陈面、麻糍、杨梅、手工粉干、高粱酒等为主的农特产品品牌,做大特色农业新格局。结合村播培训,加快培育"新农人",做好"农业＋"文章,推动农业与休闲旅游、农业与互联网的融合,探索未来乡村田园实验室。培育现代农业主体,围绕农业绿色化、规模化、专业化、融合化,做足做细文章,推动"田园里"二期建设,促进第一、第二、第三产业融合发展,让农业有奔头,农村有看头,农民有盼头。油茶、食用菌、早竹笋等农产品通过有机认证,杨梅、枇杷、中草药等颇具规模特色,连续5年成功举办杨梅采摘文化节,累计培育现代家庭农场65家,农业合作社6个。总投资3000余万元的田园里休闲农庄一期项目建设完成,第一、第二、第三产业融合发展成效逐步显现。完成500亩高标准农田建设,注册"凤鸣早田"品牌,打造未来乡村田园实验室和田园研学教室,建成早田坂村村播中心并投入使用。大陈面、大陈麻糍、早田大米等农产品加工产品持续做优做强,早田坂村"两坊一厂"启动实施,农产品加工转化率逐年提升。近年来,未来乡村第一产业年均增长率达到6.9％。

(五)三个"一体化"助力区域联动、协作共富

1. 规划建设一体化。围绕乡党委提出"做强核心,圈层发展,优势互补,全域推进"发展战略,大陈未来乡村邀请浙江蓝城乐居优社有限公司编制《大陈未来社区规划设计》,制定近远期建设规划。规划项目32个,现已全部完工,总投资2200万元。同时引进浙江村村达文化旅游有限公司,由专业的运营团队对古村业态进行分析、设计和提升,加强大陈全域旅游宣传营销,使"书香大陈"更加立体化、多层次和多元化。

2. 运营管理一体化。打造"1＋1＋N"运营管理模式,第一个"1"即统一聘请一个运营团队。探索将大陈村、早田坂村集体可经营资产、部分乡村治理和民生服务等职权交由第三方浙里栖公司统一运营和管理。第二个"1"即建立一个未来社区积分APP,将体育健康、垃圾分类、睦邻友好、优良家风、见义勇为、好人好事、互帮互助等行为纳入积分考核。积分既可用于物品兑换,也可作为优先入党、优先入伍等优先考虑条件。"N"即在统一运营的基础上,根据需要招募相关的志愿服务社团、乡村振兴讲师团、社区自治管理、创

业者联盟等社群组织,激发社区居民"主人翁"意识,营造共建共治共享的社区氛围。

3. 配套服务一体化。植入飞呱村游锦囊系统,为游客提供线上旅游服务,让游客无障碍轻松游遍大陈未来乡村。建设智慧无人酒店和未来社区客厅,持续推动"初夜""南舍""田园里综合体"等民宿打造,彻底解决大陈旅游"来得了,留不住"的难题。力争通过两年努力,实现年接待游客从 30 万人提升至 60 万人,村集体经济收入从 200 万元提升至 300 万元,旅游收入从 1000 万元提升至 1500 万元。

(六)优化智慧治理、跨场景提升群众幸福感

大陈未来乡村坚持问题导向、目标导向和效果导向,全面、系统、开放、融合推进"2＋4"跨场景应用数字化(2:社区文化、智慧医疗;4:智慧教育、智慧旅游、智慧救助、智慧养老),让文旅、产业、教育、健康、治理等场景和项目都产生高质量、高效率和人性化的效果,具体打造"1＋5＋N"未来乡村大脑体系。

"1"即一个信息中枢:大陈未来乡村数字化驾驶舱,融合一体化数字管理平台界面和系统,将基层治理四平台、雪亮工程、未来社区积分 APP、智能化垃圾分类系统等全部纳入统一平台,突出未来乡村全区"一张网"智慧化管理,实现数据互通、分析和储存,增强乡村大脑对全区的动态管控和联动指挥能力。

"5"即 5 大体系架构:"健康大脑"＋"智慧医疗","文化大脑"＋"社区文化","旅游大脑"＋"智慧旅游","救助大脑"＋"智慧救助","教育大脑"＋"智慧学校"。通过框架搭建,完善全乡综合信息指挥体系,弥补健康医疗、旅游服务、社区治理、社会救助、智慧教育等数字乡村建设短板。在"1＋5＋N"未来乡村大脑体系的集中指挥下,大陈未来乡村实现了学在大陈、医在大陈、养在大陈,让村民享受与城市同样的公共基础设施,村民的幸福感、舒适度不断提升。"学在大陈"条件进一步优化,新建了大陈萃文小学和大陈幼儿园。萃文小学是目前江山市城乡学校里设备最先进的学校,大陈幼儿园是城关公办幼儿园的分园。同时打造了江山市第一家农村版南孔书屋,所有图书均可在衢州市范围内通借通还。"医在大陈"品牌进一步打响,基本医疗和公共卫生服务得到保

障,大陈卫生院纳入江山中医院医共体,蛇伤肝病特色专科的知名度和辐射力正在扩大。"养在大陈"保障进一步健全。完成早田坂老年之家等老年人活动场所建设,开展适老化改造 20 户,落实老年人生活基本保障。持续扩大社会保险覆盖面,推进居民医保、农村社会养老保险全覆盖,"惠衢保"实现83％覆盖。

"N"即 N 个应用场景。在框架体系下,系统性填充功能应用,打造智慧医疗系统、智慧步道、无人酒店、5G 超融合平台、智慧酒店等多个数字化场景。通过打造人与物、人与空间能互感互应的"感应空间",使村民的活动空间更便捷、更有效、更智慧。相关数据实时汇聚到未来乡村数字驾驶舱,为政府治理服务提供相关数据统计分析与决策支持。未来我们也计划探索将相关数据资源化,通过合法售卖,提升未来乡村盈利能力。

(七)优化生态构建风貌独特的人居环境

1. 聚焦生态环境。严格实行河长制、塘长制,打好农村生活污水治理、剿灭劣 Ⅴ 类水不反弹、河湖库塘清淤等环境综合治理组合拳,实现全域全年达到Ⅱ类水以上标准。深入推进乡村环境再造工程,高标准推进美丽城镇建设,以"五美"建设为重点任务,立足让乡村更宜居、生活更美好,成功创建省级美丽城镇基本达标镇。紧扣群众最关心的问题,优先推进道路硬化、垃圾处理、厕所改造、村庄绿化等工作。将未来乡村环卫工作打包,统一承包给专业化环卫公司,实施"互联网＋城乡环卫"一体化试点。探索垃圾分类积分制,投资 12 万元,为周边村民配备垃圾芯片卡,实现门口垃圾分类投放桶全覆盖。

2. 聚焦风貌提升。指导、支持未来乡村开展拆后利用风光带建设,每个村都打造了一条具有本村特色的拆后利用线路。

3. 聚焦幸福乡村。2017 年,大陈村圆满举办浙江省美丽乡村暨农村精神文明建设现场会。在此期间,我们以"生态美、形态美、业态美、文态美、状态美"为目标,先后投入 4000 多万元,提升了自然生态,完善了基础设施,丰富了产业业态,加大了文态植入,完成了"滨水休闲岸堤、风情洁净集镇、特色古韵民宿、大陈小市小吃、最美实景夜景"等 14 个项目,农村精神文明和幸福乡村建设得到了与会嘉宾的一致认可。

(八)关注低收群体加快脱贫攻坚

坚持"两不愁三保障"目标不动摇,深入实施"民心"工程,兜牢民生民利发展底线。经详细核查和动态调整,截至 2021 年 11 月底,全乡共有低收入农户 484 人,全部享受低保低边相关政策。鉴定 C、D 级危房 45 户,无房户 2 户,目前已经全部完成修缮和腾空工作。村集体经济稳步增长,加快"消薄"工程,借助柯桥结对和浙盐集团结对等契机,结合资源优势,实现全乡 6 个村物业全覆盖。预计 2022 年全乡 6 个村集体经营性收入均能超过 20 万元。持续实施"雨露计划",补助贫困学生 49 人次,累计发放补助资金 14.7 万元。积极做好残疾人公益事业,帮助全乡 151 名残疾人享受困难残疾人生活补贴、198 名残疾人享受护理补贴。结合上级帮扶政策,帮助 14 户残疾人圆了新房梦,37 人实现再就业。

三、大陈未来乡村圈层式差异化竞合共富共同体建设的经验启示

(一)精神富有能为全面共富建设聚人心汇力量

物质富裕诚可贵,精神富有价亦高。共同富裕是一个物质积累的过程,让家家"仓廪实衣食足",同时也是一个精神丰实的过程,让人人"知礼节明荣辱",实现精神文化生活丰富。精神共富是共同富裕之魂,能在共同富裕建设道路上聚人心汇力量,通过共同劳动、共同创造更多的物质财富和打造美丽、富饶、宜居的生态环境,建设共建共享的社会公共设施。大陈村以村歌文化为引领,将家国情怀和孝道文化融入村歌,利用村歌治村,通过人人传唱村歌将人心涣散、积极性不高的村民快速凝聚起来,形成村庄要发展人人有责任、村庄是我家共富靠大家的积极向上局面,为创造更多的物质财富、优化优美宜居的生态环境

奠定了良好的基础。

（二）差异化竞合是一种能增强组团式发展优势的战略

构成未来乡村的各村庄一种是以某种共同特色为主线形成一个共同体，通过做大、做强特色和优势，形成特色品牌从而实现共同富裕；另一种是未来乡村共同体各村庄各具特色、优势互补，形成利益共同体。大陈未来乡村的大陈村和早田坂村则采用差异化竞合战略，大陈村以村歌产业为引领，而早田坂村则以田园休闲研学为特色，通过特色和优势互补形成不同的利益增长点，不断加快大陈未来乡村共同富裕建设步伐。

（三）以特色为主线圈层式发展有利于实现片区集体共富

未来乡村所在片区实现集体共富才是共同富裕的本质，未来乡村建设也应强化核心，以某种特色为主线进行圈层式发展，将周边村庄以滚雪球的方法逐步纳入共富共同体。大陈未来乡村起初由大陈村和早田坂村构成，通过差异化竞合发展的方式，两村既各具特色，又能抱团发展，取得了很好的效果。为赓续红色基因，弘扬本土红色文化，大陈未来乡村着重打造了红军大陈战斗研学游基地，与红军北上抗日先遣队纪念馆、老兵之家、红军路等红色资源衔接，形成一个覆盖大陈、乌龙、夏家的红色主题研学圈，通过红色研学游打造共富共同体，实现圈层式发展。

（四）公司一体化运营能大幅度提升产业链综合效益

"共同富裕、产业为王。"发展特色产业链是未来乡村快速实现共富和持续共富的关键。产业链的经营效益直接影响到未来乡村的物质财富集聚速度，因此实施公司一体化运营能大幅度提升未来乡村产业链综合效益。大陈未来乡村将大陈村、早田坂村集体可经营资产、部分乡村治理和民生服务等职权交由第三方浙里栖公司统一运营和管理，实现产、供、销一体化发展，极大地提升了村歌文化产业链、红色研学产业链和田园休闲产业链的运营效益。同时，根据需要招募相关的志愿服务社团、乡村振兴讲师团、社区自治管理、创业者联盟等社群组织,激发社区居民"主人翁"意识,营造共建、共治、共享的社区氛围。

(五)满足不同群体差异化需求能增强群众的幸福感满意感

未来乡村共同富裕是全体村民的"共同"富裕,物质富足、精神富有、生态富饶、社会富实在不同群体中的需求是有差异的,应针对不同群体对共同富裕的差异化需求提供相应帮扶,实现全方位、立体化共同富裕建设。大陈未来乡村针对年富力强的村民更多地从物质共富角度创造条件,如发展村歌产业链、红色研学产业链、田园休闲产业链和工业产业,使村民足不出户就能更好地就业和创业;针对学前和小学生,大陈未来乡村建立智慧化小学和幼儿园,村里教师自发为学生提供作业辅导等工作;针对老年人,大陈未来乡村建有老年人活动中心,配备老年人爱心食堂和一套健康智能终端——一分钟诊所,打造"数字化"康养服务平台,全面提升村民的幸福感和满意感。

(六)"一张网"智慧化管理能增强未来乡村的未来体验感

未来乡村共同富裕建设,要解决未来乡村的未来体验感,充分利用数智化技术和手段构建"一张网"智慧化管理,提升乡村治理及生活的智慧化水平。大陈未来乡村构建了"2+4"跨场景应用数字化,打造出"1+5+N"未来乡村大脑体系,全面提升了未来乡村的数字化、智能化水平,使村民同样能感受到未来城市所能体验到的现代化服务,从而提升村民的满意感。

(七)服务"三乡人"能为共同富裕建设提供智力支持

建设未来乡村是率先破解新时代农村社会主要矛盾的有效途径,重点是解决农村人口空心化、城乡差距、收入差距问题。只有以"人"为核心,将村民的获得感、体验感和满意度放在所有要素之首,问需于民,具体服务三类人,推进"两进两回",才能更好地促进乡村振兴。如何留住原乡人居家发展,吸引新乡人和归乡人进行创业,对未来乡村共同富裕建设具有至关重要的作用。大陈未来乡村围绕人"生老病死"生命周期,使老有所养、幼有所教、病有所医、贫有所托,成为留住原乡人的根本保障。如建设衢州市唯一的智慧教室全覆盖小学、新建公办幼儿园,健全社区医疗体系,打造老年人活动中心,配备老年人爱心食堂和一套健康智能终端,为原乡人解决后顾之忧。依托大陈古村、田园里休闲农庄、雪花楼物业经济适用房,打造充满活力的大众创业空间,为新乡人提供创业条件。借助乡愁,保护好、传承好、利用好大陈乡村优秀传统文化,吸引乡贤回归家乡进行文创产品创业。

四、挑战及对策建议

大陈未来乡村经过探索形成了以精神共富引领的圈层式差异化竞合共富共同体建设实践,并取得了很好的效果。大陈未来乡村成为2022年浙江省未来乡村建设试点。大陈未来乡村以村歌文化为引领率先实现精神共富,在两村差异化竞合发展战略基础上实现优势互补,以圈层式发展逐步形成大陈乡未来乡村共同富裕共同体,以公司一体化运营开启了乡村资产及资源的优化配置,大幅度提升了运营管理的效率和效益。当然,大陈未来乡村共同富裕过程中还存在一些短板,为此提出如下发展建议:

(一)强化专业化运营管理

大陈未来乡村探索专业公司一体化运营管理模式,为加速物质共富建设起到了很好的作用。但当前公司一体化运营管理效果一般,可寻找高效的专业化运营团队帮助大陈未来乡村资产及研学游资源的一体化运营,进一步加速物质财富的积累做大蛋糕。

(二)加大对外营销力度

大陈未来乡村的村歌文化产业链、红色研学产业链及田园休闲产业链虽每年吸引了大量的游客,为未来乡村及周边创造了较多的收入,但与丽水和湖州等地的未来乡村相比,大陈未来乡村的对外宣传和营销的力度还比较小。今后可通过传统媒体、微信公众号、抖音短视频、知名乡贤代言等方式加大对外宣传力度,吸引更多的村歌创作者、创业人、游客等来到大陈未来乡村开展研学游一体化体验。

(三)增加中青年群体的文旅资源及配套服务

大陈未来乡村以村歌文化为引领的产业发展,每年吸引了大量的游客前来学习和研学,为大陈村和早田坂村创造了很好的经济效益。但对游客进行分析后发现,对村歌文化感兴趣的多是老年游客,虽然也带动了周边特色工艺品及农产品等的销售,但与青年游客的消费相比还有一定差距。今后大陈未来乡村可进一步开发面向青年游客的文旅资源及配套服务,完善智慧无人酒店和未来社区客厅等带有未来体验感的旅游资源,吸引更多的青年游客来大陈研学和旅游,大幅度增加物质财富,加速大陈共同富裕建设步伐。

做实乡村旅艺农综合体，
打造共建共享美丽家园

——衢州市音坑乡下淤村共同富裕模式探索与实践

摘要：结合下淤村丰富的旅游资源，积极谋划资源的开发和运营，聚焦高质量建设、高水平运营，落实"投建管运宣"一体化理念。无论是建设上，还是运营上，或是宣传上，都主动向市场靠近。同时，借助旅游的品牌效应，发挥产业辐射作用，建设"艺术创作"新空间，将老宅打造为"艺宿"基地，吸引艺术家入驻，创新人才政策，引进各类文化艺术人才。

关键词：三体结合；旅艺农综合体；美丽乡村；未来社区

图 11　下淤水岸

近年来，下淤村积极践行"绿水青山就是金山银山"理念，借县委县政府打造钱江源国家公园东风，乘势而上，奋力作为，在"建设美丽乡村、发展美丽经济"上走出了一条富有下淤特色的成功之路，各项事业迈上了新台阶。下淤村先后获得国家级生态村、"美丽乡村"创建试点村、国家 AAA 级景区村、首批中国乡村旅游模范村、2016 年度中国十大最美乡村、2017 年国家第一批绿色村庄、2017 年浙江省老年人养生旅游示范基地、2017 年浙江旅游总评榜之年度美丽景区村、浙江省美丽宜居示范村、浙江省特色旅游村等多项荣誉称号（图 11）。

一、下淤村发展概述

下淤村坐落于开化县城北部的音坑乡，距开化县城 6.5 千米，开化高速出口 8 千米。全村地域面积 1.4 平方千米，耕地 656 亩，林地 1470 亩。辖下淤、陈边两个自然村，总人口 987 人，313 户。2020 年村民人均纯收入 3.3 万元，村集体经济收入 300 万元，固定资产 5500 万元。

原先村庄贫穷，村民们靠山吃山，乱砍滥伐、乱挖河沙的现象不在少数，导致村中溪水浑浊，很少有游客光顾。2014 年村集体经济收入 48 万元，农民人均纯收入仅 14768 元。近年来，开化加大治水力度，将马金溪上游和两岸的污染企业和猪场全部搬迁,溪水因此变得清澈见底、清丽灵秀,溪岸两边的生活垃圾也不见了踪影。下淤村在政府的带领下,通过做"生态蛋糕"开展了美丽乡村和 AAA 级景区村建设,将"绿水青山就是金山银山"这句话贯彻到了实处。依托马金溪百里金溪画廊而建,按照景区化、个性化、大格局、大手笔的思路,精巧谋划、统筹整合、集中发力,提出通过全流域综合治理,引导岸域产业集聚提升和流域景区化建设与管理,打造浙西山区百里金溪画廊、诗画风光带,实现治水造景、治水美村、治水富民,成为未来乡村建设高地。

下淤村良好的区位、地理与生态优势,为发展乡村休闲旅游创造了有利条件。近年来,下淤村旅游硬件设施不断完善,先后建成车道、观景栈道、绿道、山上游步道,通行条件良好。景区内既有符合大众需求的霞洲度假村民宿,又有特色精品民宿汉唐香府、敬贤居、依畔一伴咖啡厅。全村现有民宿(农家乐)35 家、标间 210 个、床位 424 张、可接待千人用餐百桌宴,配套多媒体大小会议室 6 个。旅游产品不断丰富,拥有农业创意园、水岸烧烤园、水上游乐园、观光自行车、儿童乐活园、儿童玩乐沙场、花卉观光园、康体休闲大草坪、夜景灯光篮球场等配套设施,从马金溪畔到月亮山上,全景区亮化,夜景绚丽,下淤的乡村休闲旅游驶入了持续发展的快车道。

二、下淤村共富新村貌

借助未来乡村建设的契机,下淤村全速推进"下淤未来乡村建设",努力做到"各线亮点、下淤集成,全县特色、下淤展示"。通过努力,"五化十场景"已见雏形,正在逐步呈现,建设基础明显。

(一)扎实的场景打造

坐落在下淤未来乡村内、总投资 600 余万元的"两山"展示馆围绕习近平总书记对开化的"三句嘱托、一句点赞"进行布展设计,健康之家、共享食堂、果栖民宿、艺术花街等 22 个项目全速推进,已全面完工。

（二）扎实的产业塑造

下淤村集体全年经营性收入达 300 万元，集体资产超 8000 万，村民年人均纯收入达 3.3 万元，高出全县平均水平 65％。仅"五一"期间，下淤未来乡村就接待游客 2.8 万人次，同比增长 35.6％，旅游总收入超 120 万元，"有人来、有活干、有钱赚"在下淤得到充分彰显，书写了"百亩水岸胜过千亩良田"的佳话。

（三）深入人心的邻里营造

以"家"为主线，以当地特色传统文化为纽带，开展农民培训、8090 新时代理论宣讲等活动，"泛下淤"党建联盟正式成立，农道宋庄等一批艺术家群体先后入驻，并为 15 位新乡人颁发"荣誉新乡人"证书，原乡人、新乡人、归乡人共建共治共享未来社区的局面已经显现。

三、面向未来：下淤村乡村建设举措

下淤村把握当前的发展机遇，将自己的区域优势转化成资源优势，主要做法如下。

（一）聚焦高质量建设、高水平运营，落实"投建管运宣"一体化理念

围绕谁来建、谁来管、钱从哪里来、资产如何整、由谁去运营等未来乡村建设中的五大核心问题，下淤村充分借鉴城市版未来社区创建经验，整合相关机构力量，探索出了"集体＋主体＋媒体"的投建管运宣一体化新模式，让建设更高效、运维更可靠、宣传更立体。

1.建设方面。坚持不搞大拆大建，先后整合农业农村、文旅、宣传部等原有资金 12 项、1175 万元用于"微改造"，力争留住乡土味、烟火味。比如，坚持就地取材、变废为宝，利用垃圾兑换超市收集来的废旧酒缸以及农房整治后剩余的鹅卵石，成功打造了"艺宿家文化展示墙"等"高颜值"节点，赢得了广泛好评。

2.运营方面。由下淤村集体组建下淤水岸旅游开发有限公司与开化县两

山投资集团合作运营,发挥国资的杠杆撬动作用,通过"市场化、公司化"手段有效解决了村级运营人才短缺、盈利渠道单一等问题,保证未来乡村的可持续发展。比如下淤水岸乐园以公司自主运营取代招租,收益由30万元提升到64万元,提升113.3%,仅"五一"期间就有1300余人乘坐游船,收益8万元。三是宣传方面,与衢报传媒集团、贸促会签订战略合作协议,整合各方优势力量,在新闻报道、重大活动策划、"高层次"客群引入、"两山书房"打造等方面开展深度合作,先后开展山水旅游节等高端推介活动6次,被学习强国、新华网等众多主流媒体争相报道,《浙江日报》整版刊发,线上单次阅读量最高达42万,"下淤未来乡村"正逐渐成为全省乃至全国的网红未来乡村。

(二)聚焦高品质均衡、高标准转化,落实"绿水青山就是金山银山"理念

下淤生态资源禀赋良好,但原来建设经营过程中以单个主体、单幢民房等"低小散"模式的转化为主,难以形成规模优势。未来乡村工作推进以来,下淤村结合"两山银行"试点改革,进一步盘活经营权和使用权,推动形成"产业可持续、集体有收益、群众得实惠"的多赢局面。

1.推行集中收储。通过集中统一收储闲置资源,整合"碎片化"资源,全面提升资源使用效益。目前,已先后流转土地500余亩,收储山林50亩、奇峰寨等优质资源。比如,由开化县两山集团与下淤村集体签订参股分红协议,以800元/亩价格集中收储下淤及周边村223亩土地,引进上海旺禾科技公司打造钱江源未来农业示范园项目,视产业运营情况再进行分红。近期,白草莓、火龙果等种植效益均达到预期,产值430余万元,拟向集体和农户发放第一批分红15.61万元。

2.致力业态打造。依托下淤乡村旅游发展良好的现状,谋划建设"艺创小镇",打造艺术品、工艺品、文创品、农产品"四品"集群,推动产业从"卖产品"到"卖服务"、游客从"当日游"到"过夜游"的良性发展。比如,对下淤村28幢闲置民房进行统一收储,借力农道宋庄等专业团队翻新改造、提升风貌,通过"免租＋补助"先后吸引11名艺术家、"新乡人"入驻。如赵丽华、陈进等艺术家受邀到下淤实地考察后,租用了五幢农房,用于打造文创产品展示中心和绘画工作

室，仅"五一"期间就销售陶艺品、精酿啤酒、油画等产品 100 余件，销售额达 6 万元，"艺创小镇·乐活下淤"成为下淤未来乡村的鲜明定位。

3.聚焦共建共享。下淤村始终坚持"资源从农民手中来，让收益到农民身上去"，将未来社区建设过程中的收益积极投入道路修缮、污水设施修缮等民生设施建设，并为全村 987 名村民全部缴纳合作医疗保险补助，同时，将本村 65 岁以上的老人按年龄划分为四个档次，给予每年 600 元至 3600 元的分红，一位老村民激动地说："我书读得不多，原来不知道什么是未来社区，但我相信现在让我们看得起病，老了还有人管就是我们的未来！"

（三）聚焦高起点规划、高效能治理，落实"数字化改革"理念

强化顶层设计，由大数据中心统筹开化县数字化改革和未来乡村场景打造，深入开发"云上下淤"数字化党建治理平台以及"两慢病"、留守儿童"微关爱"等数字化场景，让社区更智能、生活更便捷、治理更高效。目前，系统已经完成整体规划，即将上线运行，特点主要体现在以下三个方面：

一屏全域感知。开发智慧视频监控，全时段全天候监视未来社区和重点路口，实现重点人员管控、行为智能识别、村容村貌智能监管等功能，用数字赋能治理。比如，河道中游船如果驶离安全水域就会实时在系统发出报警，就近交办工作人员进行处置。

一键全局指挥。坚持"一个口子进、一个口子出"，将系统与"四个平台""条抓块统"等工作联通，网格事件上报、流转、交办、处置"一呼就应、一点就办"，形成基层社会治理的工作闭环。

一分激发动能。建立积分管理制度，村民、游客、党员均可以通过打卡公益活动、志愿服务、垃圾分类、在线学习等途径获取积分，积分与信用评价、评先评优、就业推荐、兑换商品服务等挂钩，激发居民"我的活动我设计、我的社区我管理"的参与热情。

开化县未来乡村工作刚刚起步，取得了阶段性成效，下一步将力争为未来乡村建设贡献更好的"开化方案"。初步考虑做好"六个化"：（1）活艺术化。谋划出台专项扶持政策及艺创人才标准，搭建青创联盟平台，引导新乡人、原乡

人、归乡人到下淤未来乡村众创众享。(2)艺术产业化。延伸艺术产业链条,打造豆腐、酿酒、茶、瓷器、开化砚五个手工艺作坊,推动艺术产业提档升级。(3)产业景观化。统筹场景配套空间建设,加大沿街、沿路农房的收储力度,集中力量统一打造一条景观化的艺创花街。(4)景观生态化。坚持微规划、微改造、微治理,全面完成 200 幢房屋外立面改造,提升美丽庭院、一米菜园,彰显乡土风味。(5)生态价值化。持续深入探索生态产品价值实现机制,结合两山展示馆打造,挖掘梳理开化两山转化的十大路径、十大场景、十大案例、十大产品,形成可推广可复制的开化经验。(6)价值数字化。突出为民、便民、安民功能,强化乡村数字大脑建设,构建并融入一批城市中台＋未来社区的数字化特色应用场景,实现数字赋能乡村振兴。

四、共富梦:下淤村共富典型做法

(一)盘活资源:践行"三个＋"开发建设模式,整合提升村资源

1."政府＋社会"统建,合理布局未来风貌。与中国美院、艺术家等主体合作,编制《下淤未来乡村总体规划》,由"政府＋社会(艺术家、企业)"规划建设。政府通过民房收储、土地流转征收等方式引导村民向新村集聚,并在新区导入未来邻里场景,旧村由艺术家打造"艺术家村落",山谷密林由专业公司投建中蜂产业致富园,滨水游乐休憩区则导入民宿、游船等亲水业态。

2."改造＋提升"同步,精致打造美丽乡村。下淤未来乡村项目建设及场景落地严格按照"微改造、精提升",不搞大拆大建。一方面,提升美丽庭院,创建多肉共富小镇。首期改造庭院 120 户,采取"美院设计＋艺术家指导"模式,联合衢州市残联及瑞尔多肉基地,在每家每户门庭内赞助多肉植物,由户主自行管理维护及销售。另一方面,改造美丽田园,打造农耕体验乐园。下淤村通过流转近 30 亩连片土地建设"共享菜园",涉及 52 户农户,签订流转协议商定按照"租金＋分红"的模式,每 5 年为一轮提升 20％土地分红,既盘活了村中闲置低效的土地资源,又为百姓带去更多增收致富的机会。

3."房屋＋土地"统筹，腾出乡村发展空间。一方面，收储老村住房，统一租赁出让。由村集体直接将闲置农房统一收储，内部修缮，再与创客签订租赁协议，一次性租赁期限20年。目前已成功引进周相春、陈进、于卓等10余名知名艺术家。与此同时，积极争取宅基地改革试点，探索土地平价出让和土地房屋使用权颁证改革，并与艺委会开展全方位的业态打造合作，免去艺术家对"人、钱、物"的担忧，还为25位新乡人颁发了荣誉居住证，提升了艺术家在下淤村的归属感。另一方面，推行土地预流转，统一经营划转。探索确权不确地改革，村集体负责土地预流转，与村民签订闲置连片可开发土地流转协议。目前，下淤村集体共流转土地560亩，整体土地流转率达到95％。

(二)内培外引：构建"旅艺农"业态综合体，引进创意品牌增内涵，促进产业可持续发展

1.升级旅游产业。一方面，坚持做精"黄金水岸线"旅游服务。依托23.44千米黄金水岸线，大力发展水岸烧烤、金溪游船、滨水乐园、邻水民宿等业态。目前，下淤村里共有民宿、农家乐35家、标间260个、床位512张，2020年实现旅游收入1200万元、旅游人次42.5万人次。另一方面，坚持优化对外招引。通过制定免租金、补贴装修、合作经营等土办法，不断尝试对外引资、引智、引才。打造"霞洲有礼"伴手礼销售中心，销售开化优质农特产品及根茶纸砚瓷等文创产品。

2.布局艺创文化业态。自2018年开始，下淤村将收储的28幢集体老宅打造为"艺宿"基地，采取"老宅免租＋运营补助＋人才补贴"吸引艺术家入驻。目前，已有"OPEN国际艺术空间""向村霞洲艺术馆"等3家艺术资本方入驻，引进周相春等国内一流艺术家，累计吸粉5万人次。同时，县里出台《"艺创园区"文化艺术人才引育办法》，对名人名家、青年人才、偏才专才分别设置60万元、30万元、15万元的孵化补贴。

3.唱响特色农业品牌。下淤村依托钱江源未来农业示范园的带动作用，引导农户种植特色作物、经济作物，优先打造农作物特色种植基地，促进农业观光旅游发展，并以此吸引更多游客驻足观赏、体验。

(三)着眼未来:数字化、智能化建设未来社区,实现村民宜居

1. 打通多个平台,构建数字乡村。在浙江省率先打通基层治理四平台与数字乡村大脑,联通国家森林防火、浙政钉、水位监测等10个县级数字化系统,构建"1+1+4+N"(1个数字驾驶舱+1个微信小程序+4个应用模块+N个场景)的数字乡村运行体系。

2. 构建积分体系,保障智慧服务。自主研发"乐活下淤"服务号线上平台,这个平台拥有导航、查询、推荐等功能,为"三乡人"提供智慧化服务。同时,平台将景区码、农户码、商户码"三码"和党建积分、乐活积分、信用积分、健康积分等"四类积分"贯穿场景应用始终,以小积分撬动居民参与治理的大热情。目前,四大积分已在21个场景中上线。

3. 打造数字健康,提供便捷生活。智慧健康小屋配备健康检测一体机、视频问诊、自助药柜等智能设备,村民仅需一张身份证即可完成健康检测及健康提示,自助开展血压、血糖、人体成分分析、中医体质分析等体检体测。同时,系统与医院全民健康信息平台互通,提供远程诊疗、健康指导、预约挂号、线上开方、扫码取药等服务,为"两慢"病患者提供全面覆盖的"两慢"病管理和运营。目前,村内108位"两慢"病人病情管控已实现全覆盖。

五、可持续发展:下淤村未来乡村建设愿景

对于今后的发展思路,下淤村提出"泛下淤"共富联盟和乐游型未来乡村建设:

(一)做靓霞洲文旅 IP

通过活业态、强基础、兴文化,霞洲艺创村打造成为集运动、康养、研学、休闲于一体的综合性艺术村,将下淤未来乡村打造成为原乡人幸福家园、新乡人创业乐园、归乡人怀念故园。

1. 完善和引入沉浸式、互动式体验业态。重点完善吴府竹艺体验、汉唐香

府香道体验、五坊六坊非遗体验(134种非遗文化体验展示)、农耕体验馆农耕体验、上山下水运动体验，在研学游学课程研发、讲师队伍建设、手工工具补充、教学场地改造、公共服务配套、价格定位、文化展示等7个方面下功夫，形成可游、可憩、可学、可购、可居、可感"一条链"。比如，利用吴府竹艺乡村工匠传承点优势，在场地内配套一批竹艺制品的制作工具，开设一批研学课程，面向中小学生开课收费。再如，斑马水上运动教学要更加体系化，围绕摩托艇、香蕉冲浪船、桨板、皮划艇开发各具特色的精品课程，并发挥皮划艇"贵族运动""亲子运动"优势，实现资源共享和业态互补。新建的燕庐文化基地、茗宇圣居和国际大酒店要打造成具备"六可"功能的文旅综合体。

2. 做强公共服务配套。对照幸福开化七大品牌，聚力打造"15分钟教育、医疗服务圈""30分钟就业、智慧旅游服务圈""1小时养老、帮扶服务圈"，结合"两慢病""爱心慧""智领三联·云上下淤""全生命周期旅游服务""帮扶关爱""未来学堂""便民服务"等数字化场景应用落地，完善一批民宿农家乐、共享邻里中心、居家养老中心、社区服务中心、学习教育中心、医疗康养社区等公共基础设施，弥补下淤村公共服务承载能力不足。

3. 打造霞洲艺术村文化标识。在使命上，要坚决扛起艺术乡建助推文化振兴使命；在愿景上，"十四五"期间争取实现"11155"下淤梦；在价值观上，弘扬下淤村"三种精神"；在精神人物心愿上，村党支部书记怀揣艺创小镇成为全县第5个特色小镇平台的梦想。在公共空间配套上，一方面，通过村集体集中租赁或收储，并走招拍挂程序，盘活闲置农房。比如，五坊六坊地块，将部分地块招拍挂，由桐乡山海协作单位摘牌获得房屋和土地产权，负责房屋微改造和艺术家导入。另一方面，尽快成立两山银行音坑支行，开设村级和乡镇级生态账户，将"山水林田湖草"闲置资源和沉睡资产集中存入，取得优惠贷款，用于艺创项目建设。同时，探索下淤水岸1.9亿元GEP权益变现，用于项目建设。在人才团队上，用好艺创小镇人才引育政策，新增招引10位艺术家落地，并由周相春团队负责下淤"微改造、精提升"房屋改造，文创拳头产品、吉祥物等内容的策划，文创企业、众创空间、互动研学体验中心等等的策划、设计、营销。

(二)组建紧密型"泛下淤"共富联盟

1.明晰联盟规划布局。构建"一带一道两核七区"规划布局。一带:百里金溪画廊示范带;一道:95号联盟大道;两核:下淤未来乡村和密赛未来乡村;七区:下淤艺术休闲旅游区、音铿共享邻里服务区、儒山书法交流会展区、姚家职工疗养体验区、明廉现代农业产业区、城畈四季果蔬采摘区、密赛水上乐活亲子区。

2.成立联合党委。由开化县领导任联盟书记,音坑乡芹阳办事处两位党委书记任副书记。乡镇班子成员和村党支部书记、乡贤任委员,促进党建一体、公共服务一体和规划布局一体。同时,下设乡村旅游产业组、农林水产业组、文创产业组和培训产业组,负责不同领域产业发展。

3.发展艺术乡村旅游主导产业。"1+6"(下淤+音铿、姚家、儒山、城畈、明廉、密赛)村"一乡一品""一村一貌""一村一气质"。一乡一品:联盟内7个村明确发展艺术乡村休闲旅游主导产业,打造乡味、野味、洋味、艺味和古味"五味"文创产品,推动农文旅、农商旅、农康旅和农艺旅融合。"一村一貌":实施全域土地综合整治与生态修复、百里金溪森林生态系统保护和修复、马金溪和中村溪流域综合整治、美丽田园"三个一"(一条美丽农业经济带、一批美丽新田园、一群美丽新农人、美丽庭院试点),构建"五美"(村庄美、田园美、林相美、河道美、庭院美)格局。"一村一气质":挖掘村庄山水人文内涵,突出产城人文景高度融合。比如,儒山村是千年古村落,是开化县拥有土坯房数量最多、保存最完好、村民居住率最高的传统古村落,遗存至今的46幢土坯房,依稀可见四五十年代的生活痕迹。现在村里非常有信心打造书法古村落,法开署200万欧元贷款也要在这里落地,千年古村将焕发往昔荣光。

4.统一使用霞洲有礼和霞洲艺术村品牌。构建"钱江源区域公用母品牌+霞洲有礼子品牌"体系,联盟范围内的旅游线路、文创产品、研学游学都纳入霞洲有礼和霞洲艺术村品牌管理范围。同时,进一步明确产业分工,农户负责生产端、两山集团负责收购端、农业龙头企业负责销售端[统一设计、统一策划、统一研发、统一销售、统一物流配送(建农村电商公共仓储1个,开设专线配送和中转配送专线）、统一宣传］，并配置"一村一码""一户一码""一店一码""一企一码"，运用乐活下淤数字化平台，连接农户、企业、村集体、两山集团、农业联"五方"利益，形成对游客、市场的大数据分析。

5.扩大汉乡公司运维范围。将7个村的人气引流、资产管理、宣传推介、产品收购、资金配套等都交由下淤强村公司汉乡公司统一管理，解决重资产运维和人流量不足两大难题。

6.建立一个邻里中心。将下淤未来乡村整体作为一个邻里中心，配套学校、医院、药店、商场、公园、银行、公交车站、停车场、酒店、公厕等公共设施，构建15分钟便民生活服务圈。

"三生融合、三主协调"引领共同富裕新征程

——衢江区莲花未来乡村共富共美建设实践

摘要:未来乡村是浙江高水平全面建成小康社会的重大战略举措,未来乡村建设是促进农村第一、第二、第三产业融合发展的好载体,是推动实现农业农村现代化的一条成功路径,是推进乡村振兴和共同富裕的好平台,是衢州乡村推进共同富裕的金名片。自2020年开始,衢江区莲花镇积极探索未来乡村发展的新模式:规划先行,夯实发展之源;场景再造,夯实发展之基;产业创新,夯实产业之本;数字赋能,夯实智慧之治;产业融合,夯实共富之要。坚持"生产、生活、生态"三生融合,"政府主导、企业主营、群众主体"三主协调,以"莲花,我的田园家"为主体形象,以"社区甜美、家家和畅、处处智慧、人人幸福"为目标,着力打造村产人文融合,共建共治共享共富共美的幸福社区。当前,莲花未来乡村正搭乘数字化改革东风,快速奔跑在"两山"转化推动共同富裕的新征程上,突出共同富裕实践、国际标准导入、社区邻里营造、数字智慧应用、服务治理集成、党建联盟构建,全力打造展示高质量和共同富裕探索成效的重要窗口。

莲花镇的成绩铸就了新的起点,但前进的道路上还面临不少挑战:如何以未来乡村建设加快补齐农村公共服务短板;以未来乡村建设加快完善城乡要素对流机制;以未来乡村建设加快推动乡村集群协同发展;以未来乡村建设加快促进农村产业提质增效;以未来乡村建设促进集体经济发展和农民增收。对于这些问题,必须时刻保持清醒的头脑,坚持问题导向,切实加以解决。

关键词:三生融合;三主协调;产业融合;共同富裕;提质增效

一、背景情况

浙江西南部,浙、皖、闽、赣四省交界,蜿蜒流淌的衢江两岸,村庄星罗棋布,田园如诗如画。在这人杰地灵的绿山秀水间,一朵莲花绚丽绽放——莲花镇位于浙江省衢州市衢江区东北部,是国家放心农业产业特色小镇、国家级生态乡镇和省级美丽乡村示范乡镇。

2019年,浙江省委、省政府作出谋划创建未来社区的重大决策部署。衢州市委、市政府从衢州实际出发,着眼于推动乡村振兴,提出打造乡村版的未来社区。乡村未来社区,是新时代产村人文融合发展的开放平台、是社区居民安居乐业的美好家园、是农村新型社群共治共享的幸福社区。为满足广大乡村群众对美好生活的向往、加快推进"两进两回"、努力推进乡村振兴、实现共同富裕,2019年10月,衢州市衢江区启动莲花乡村国际未来社区建设试点,打造新时代产村人文融合发展的开放平台、社区居民安居乐业的美好家园、农村新型社群共治共享的幸福社区(图12)。

图 12　莲花未来乡村

衢江区莲花乡村国际未来社区自2019年10月启动建设以来,紧紧围绕共同富裕主题,聚焦"一统三化九场景",以"四个三"为着力点,打造莲花乡村国际未来社区经营新模式,进一步拓宽共富通道,2020年9月,莲花乡村国际未来社区成为全国首个田园型乡村国际未来社区开园;2021年3月,发布全国首个国际未来社区指标体系与建设指南;2021年12月8日,以第一名成绩荣获"国际花园社区"大奖(环境可持续发展项目奖),实现中国乡村在"绿色奥斯卡"上零的突破。

乡村未来社区作为共同富裕现代化基本单元,是新时代满足人民群众对乡村美好生活的期盼、推动共同富裕从宏观到微观落地的重要载体,让乡村群众看得见、摸得着、感受得到共同富裕的成果。衢江区莲花乡村国际未来社区聚焦乡村高品质生活,以现代化、国际化为鲜明特征,坚持以"人本化、田园化、科技化、融合化"为导向,建设完成全国首个正式开园的"田园型"乡村未来社区,为推动乡村振兴、实现共同富裕提供了可复制、可推广、可借鉴的浙江范本。

二、发展现状

(一)"五个三"核心要义扎实推进

2019年10月,衢州市衢江区启动莲花乡村国际未来社区建设试点,打造新时代产村人文融合发展的开放平台、社区居民安居乐业的美好家园、农村新型社群共治共享的幸福社区。试点围绕三个"化"(人本化、生态化、数字化),依靠三个"人"(原乡人、归乡人、新乡人),通过三个"造"(造场景、造邻里、造产业),实现三个"有"(有人来、有活干、有钱赚),体验三个"乡"(乡土味、乡亲味、乡愁味)"五个三"核心要义扎实推进,为高质量建设共同富裕示范区探索出一条新路子。

(二)凝心聚力创辉煌

经过近两年的努力,一个产村融合、宜居宜业、共治共享的莲花乡村国际未来社区已初步成型,美丽乡村向美丽经济转化的通道进一步打开、乡村基础设施和公共服务短板进一步补齐、乡村治理体系和治理能力进一步增强、城乡收入差距进一步缩小。2020年,社区共有各类产业经营主体150家,常住人口达到 9400 人,全年吸引旅居游客 30 万人次以上,人均可支配收入达 30099 元,同比增长 15.1%,低收入农户人均可支配收入达 14050 元,同比增长 20.4%,村集体经营性收入增长 62.4%。列入 SUC 联合国可持续社区标准试点,成为全国首个建成开园的田园型乡村未来社区。

(三)"两山银行"助发展

2021 年 4 月 28 日,衢江区向莲花镇村民发出了全国首张"两山银行"生态资源储蓄单,这标志着衢江区在探索生态产品价值实现机制中,迈出生态资源向资本资产资金转化的关键一步。发放生态资源储蓄单,绿水青山可储蓄有利息可融资,资源盘活变现,打通金融助力绿色发展通道。

(四)"共富糕"创品牌

2021 年 12 月,莲花注册商标"共富糕",以名创牌,希望把铺里村打造成"共同富裕"的基地,带动村民共同致富,为农产品品牌创建打下坚实的基础。实践证明,乡村未来社区建设是推进乡村振兴、实现共同富裕的主抓手、好平台、新创举。

三、主要做法及成效

共同富裕,"富裕"是前提,"共同"是关键。莲花乡村在探索建设乡村未来社区过程中:规划先行,夯实发展之源;场景再造,夯实发展之基;产业创新,夯实产业之本;数字赋能,夯实智慧之治;产业融合,夯实共富之要。坚持"生产、生活、生态"三生融合,"政府主导、企业主营、群众主体"三主协调,以"莲花,我的田园家"为主体形象,以"社区甜美、家家和畅、处处智慧、人人幸福"为目标,着力打造村产人文融合,共建共治共享共富共美的幸福社区。

(一)坚持规划引领,夯实发展之源

1. 做优规划。莲花乡村国际未来社区在创建工作推进过程中,立足自身的禀赋性、自生性和特色性,扬长避短,寻找符合自身发展需求和历史传承的建设切入点,编制了《莲花乡村国际未来社区建设总体规划》,对照乡村未来社区建设的主线和内涵,以莲花集镇,盛世莲花现代农业园区,古韵涧峰、水韵五坦、荷韵西山下 3 个美丽乡村等"一镇一园三村"为核心,全面构建乡村"未来文化、生态、建筑、服务、交通、产业、数字、治理、精神"等九大场景的集成系统,形成"一核一轴、一环五区"的空间布局。

2. 合理布局。重构了社区人群以及他们的生活状态。围绕"人本化、生态化、数字化",依靠"原乡人、归乡人、新乡人",通过"造场景、造邻里、造产业",实现"有人来、有活干、有钱赚",体验"乡土味、乡亲味、乡愁味",创建首个田园型乡村国际未来社区。整合集成项目 50 余个,科学布局九大场景,重点突出未来产业、服务、数字、治理、生态、文化等六大场景,全域建成美丽宜居示范区,构建教育卫生、健康养老、文化体育、社会保障等 15 分钟便捷生活圈。

3. 成果丰硕。莲花乡村国际未来社区创建范围约 16.8 平方千米,其中,以涧峰、五坦、西山下三个村、莲花现代农业园区及芝溪"一园一溪三村"约 8 平方千米范围为核心区,于 2019 年 10 月被列入"SUC 联合国可持续社区标准试点"。2020 年 9 月,莲花未来社区第一期开园,开始对外开放。对标国际,并且体系化持续推进未来社区建设,邀请了联合国 SUC 项目运行团队制定了标准化的指标体系,2021 年 3 月 16 日,正式对外发布了《莲花乡村国际未来社区指标体系与建设指南》。2021 年 12 月,莲花乡村国际未来社区战胜全球数十个入围项目,以第一名的成绩荣获第 20 届国际花园城市全球总决赛"国际花园社区"大奖(环境可持续发展项目奖),代表中国乡村社区项目首次摘得"绿色奥斯卡"。

(二)提升乡村本底,夯实发展之基

莲花乡村国际未来社区以田园为底色,以"家"为主线,积极践行"绿水青山就是金山银山"理念,保护好整个乡村未来社区原生态环境,按照"低尺度、密路网、小街巷,无围墙、无边界、无障碍,生态化、低碳化、智慧化,市井味、烟火味、人情味"的思路,一年强基础、两年上水平、三年成社区,强化村庄风貌管控和村

庄有机更新,实现整个区域生态和人居环境的重塑和全面提升。

1. 乡村更亮丽。为提升原乡人和游客的幸福感和体验感,莲花镇结合美丽河湖打造,向上下游延伸,全流域、全景观打造芝溪流域风光带。从提升游客微观感受入手,建设长度约 115 米的景观桥,将湿地公园与莲花乡村国际未来社区核心区铺里村景区连通,通过对景观桥进行提升,安装灯影系统,打造时时美丽、处处精致的乡村环境。经过农房整治后,利用村集体的闲置土地,巧妙地将集装箱改造成了运动屋,打造铺里健身公园小节点,带给游客更好的沉浸式旅游体验。

2. 载体更丰富。由农户养猪的猪栏改建而成的"铺里·南孔书屋"现有纸质图书、电子图书各 3000 余册,配备了电子借阅系统,让村民可自主选择在线阅读和扫码免费借阅,图书在衢州市范围内可通借通还。在打造乡村颜值的同时注重气质的提升。通过数字赋能等方式,用文化支撑旅游,将未来社区乡村文化名片擦得更亮。新时代文明实践中心是由老粮站的 6 栋建筑改建而成,打造成了这个"一站一所两堂三馆"的小镇会客厅,整个中心占地超 2200 平方米。村民不仅可以感受莲花镇的千年历史记忆,还能在这接待八方来客。

3. 配套更完善。新建了莲花镇景区镇标识系统,在集镇范围内重要路口、节点位置都规范设置了旅游全景图和导览图,新增草地温馨提示牌、河边警示牌,统一更换集镇路牌、垃圾箱、卫生间指示牌、停车场指示牌等,提升了整体颜值。利用有限的空间把原来只能停 3 辆车的位置改造成可以停 24 辆车的 5G 物联网智慧立体停车场,游客能通过盛世莲花微信公众号进行提前预约。伫立于芝溪流域风光带的盒子空间,用航空航天的轻型碳纤维材料制作而成,是一个共享的空间,可通过小程序线上预定,既可在这里创业又可以休闲娱乐,它的落地带动着一批微产业成功布局。

(三)培育乡村业态,夯实产业之本

1. 赋能数字农业。制定《莲花乡村未来社区数字农业发展行动方案》,安排区域协调项目资金 1500 万元,对现代农业园区内 26 家规模农业主体开展种植设备数字化改造升级,应用数字技术,实现节本增效、打造阳光农场、加快三产融合,推动传统农业向数字农业转型升级,目前7家企业已与盒马鲜生签订供货协议,亩均效益可提升20%以上。

2. 壮大美丽产业。制定《关于加快民宿提质富民扶持奖励办法》,安排500万元补助资金,引进铺里·九宫格、铺里·鹊巢等5家主题民宿,打造铺里高品质民宿集群。建成晴耕雨读研学基地,创建农旅融合产业园23家、AAA级景区村庄3个,日均接待游客超过1000人次。成功引进上海复旦上科科教文旅综合服务项目,总投资超3亿元,项目建成后每年将带来80万人次的人流量。

3. 培育众创产业。大力培育共享美食、乡村文创、传统手工艺等当地有基础、村民参与度高、增收见效快的特色产业,培育催生了创业格子铺、摩道驿站总部、兰心故里酒吧、小吃馆(鸡蛋饼、夏家小吃馆、夏家烤饼、糖人街)等特色店铺15家。引入田园盒子、小而美集市、共享餐厅等新兴业态,每年可为社区居民带来200余万元收入。

(四)聚焦数字技术,夯实智慧之治

结合智能技术构建以人为本、便捷高效的管理体系。

1. 融入智慧治理。把数字乡村建设作为乡村未来社区创建的重要举措,依托信息技术、5G通信、物联网等新技术新应用,布局社区智慧管理、智慧农业、智慧体验、5G网络覆盖、基础设施数字化转型等项目,实现社区资源的数字化应用,用大数据为居民和外来游客提供更加精准和及时的信息和服务。同时以全国乡村治理体系建设试点示范区创建和全省"县乡一体、条抓块统"提高基层治理能力改革试点为主线,通过设立社区公约、建立诚信体系、建设乡贤社区,探索推进乡村未来社区社群重构背景下的治理体系创新,推动原乡人、归乡人、新乡人三类人群深度融合,共享共荣。以数字化改革为牵引,以数字治理、数字生活、数字经济为主线,串联九大场景,赋能基层治理、社区服务和产业发展等,形成"1个智慧大脑+3条服务主线+N个应用场景"的"1+3+N"的数字社区运行体系。以社区之家智慧大脑为核心,开发了防贫监测一件事、企业服务一件事、居民生活一码通等模块,催生了共享超市、共享餐厅、共享运动等场景,极大地方便了社区居民的生产生活,让社区更智慧、让智慧更便民。

2. 集成公共服务。按照"集聚集成、智慧便民、共创共享"的思路，将农业园区管委会大楼改造成"社区之家"，为社区居民提供政策咨询、业务办理、文化宣传、儿童教育、休闲交流等服务，实现产业集聚、人才引育、宣传推广、智慧管控和管理服务等功能要求。依托莲花镇医疗卫生、居家养老、教育学习、休闲运动等资源，通过订单化呼叫等现代技术手段，连接需求端和供给端，形成 15 分钟便捷生活圈。

3. 优化共治共享。做深做实党建统领基层治理，以"区乡一体、条抓块统"改革为主线，通过村民共治、数字赋能、文化铸魂等 3 项举措，优化共治共享治理机制。设立智慧管家及莲花指数，建立村民参与社区议事、志愿活动、邻里互助、问题反馈的渠道和制度，以莲花镇清廉文化、农耕文化、有礼文化为重点，开展各类文化体育活动 30 余场，充分调动居民共建共创、共治共享乡村未来社区的积极性和主动性。

(五)深化产业融合，夯实共富之要

1. 建立共同富裕机制。树立经营乡村的理念，建立"政府＋企业＋村民"的利益联结机制，推动"政府主导、企业主营、村民主体"的项目运行模式，推行和支持"自主创业，土地(投资)入股、就地就业、收益二次分配扶持低收入农户"等增收模式、形成"租金＋股金＋薪金＋二次分配"的财富分配机制，4000 余人通过服务社区产业增收，175 户低收入农户每年通过收益二次分配增收超过1000 元，最终实现社区发展、企业获利、村民受益、各方共赢。

2. 构建两进两回机制。以"莲花，我的田园家"为主题，以"产业导入、治理创新"为抓手，从资金、技术、人才、税收、金融、基础设施等六方面，发布了莲花乡村未来社区30 条，留住原乡人、召唤归乡人、吸引新乡人，形成乡村三类人群的融合混居、提升社区可持续发展活力。社区人口增加 1100 余人，共吸引 980人归乡兴业，引进新乡人198 人，带来项目 28 个，投资 2200 余万元。

3. 唤醒"沉睡"资源。通过"两山一类"项目资金鼓励投资商和创业者回乡，租赁闲置农房改造成高端民宿，以政府投资撬动社会资本 1600 万，变"空心房"为"致富屋"。同时鼓励民宿主聘请当地村民参与民宿管理和服务，创造了更多的就业岗位。利用美丽城镇创建、未来社区创建等契机,整合旧祠堂、老粮站、老电影院等闲置资源,建起了南孔书屋、文化礼堂、新时代文明实践所、多功能球场等精神文明阵地。比如在未来社区的共享餐厅负责人把采摘与餐饮结合,餐厅每到周末、假期吃饭的客人络绎不绝,等位和翻桌是常态,餐厅会员有1500 余人。涧峰村的泛诗画·望谷民宿打造的时空仓成为年轻人的一个网红打卡点,仅 2021 年暑假已有 2 万余名学生来到这里研学,为村集体收入增收 2 万余元。

4. 资源盘活。充分发挥"两山银行"平台作用,努力盘活山、水、田、闲置农房等资源,获得固定利息、投资收益和盈利分红。如莲花镇西山下村将 190 亩农田的使用收益权存入"两山银行",每年可获得 16 万元的固定利息。2020 年涉及 3 个村集体经营性收入达 541777.54 元,同比增长 62.4%;居民人均可支配收入达 30099 元,同比增长 15.1%;低收入农户人均可支配收入达 14050 元,同比增长 20.4%。

四、经验启示

浙江省各地乡村的经济、社会、文化、历史不同,自然资源多样,因此在建设乡村未来社区和寻求共同富裕之路中,应当因地制宜,体现区域特色。莲花乡村根据自身特点和资源禀赋,成功探索出了个性化的未来社区创建之路,但莲花乡村的做法同时也体现了创建未来社区、引领共同富裕的共性和一般规律,对浙江省其他乡村地区具有可借鉴性和较大程度的可复制性。

(一)乡村未来社区建设是促进农村第一、第二、第三产业融合发展的好载体

习近平总书记指出,产业兴旺是乡村振兴的基础,是解决农村一切问题的前提。发展乡村新产业新业态特别是促进农村第一、第二、第三产业融合发展是当前我国构建乡村产业体系的重要方向。过去农家乐的兴起,满足了消费者对原生态农家美食的需求,促进了农村从一产转到三产,可称之为农村新业态的 1.0 版。随后,乡村民宿快速发展,满足了消费者吃、住的需求,是对农家乐

的升级,可称之为农村新业态的 2.0 版。相对于民宿,乡村未来社区对"三农"的带动作用更强。它把农业与旅游、教育、文化、康养等产业深度融合,为消费者提供了一种体验乡村生活、追忆乡愁的新生活方式,满足消费者多样化、个性化的需求。因此,乡村未来社区可称之为农村新业态的 3.0 版,是促进农村第一、第二、第三产业融合发展的有效载体。

(二)乡村未来社区是推进乡村振兴和共同富裕的好平台

乡村未来社区是一个开放的平台、一个融合的平台,也是一个集成的平台。它实现了乡村产业、基础设施、公共服务、人才资源、资金技术的高度融合和集聚集成,起到了良好的集聚、辐射、带动作用,是推进乡村振兴和共同富裕的好平台。从农民角度看,乡村未来社区可以多渠道增加农民收入。首先,农民可以在家门口务工就业,增加工资性收入。其次,农民将闲置的土地、房屋以出租或入股的方式交由经营户统一经营,获得租金收入、分红收入,提高财产性收入。再次,村民自家的农产品,可以直接供给经营户,不用为销路发愁,从而稳定增加经营性收入。此外,对村集体来讲,村集体经济组织作为合作方,以村集体资产入股或出租给经营户,可以增加村集体经济收入。从经营户角度看,可以获得丰厚的运营收入。第一产业方面,经营户以"互联网+"、私人定制等新思维发展特色农业,比传统的产销模式增值空间更大。第二产业方面,经营户不是单一地发展农产品加工业,而是把农文旅相结合,开发小众化、特色化的农创产品,进一步提高产品附加值。第三产业方面,经营户把农业的多功能性挖掘到极致,围绕乡村未来社区定位和特色,把旅游观光、农事体验、科普教学等相结合,形成诸多盈利点。此外,经营户除了自己经营外,还可以作为一个投资平台,开展平台化运营。比如,经营户从农户手中租赁房屋,再将房屋交由消费者自己经营,农庄提供物业管理等各类基础性服务。

(三)乡村未来社区是推动实现农业农村现代化的一条成功路径

把农村的潜在优势转化为经济效益、社会效益,乡村未来社区是很好的抓手。在不改变农村土地、房屋产权归属的前提下,最大限度地运用农村土地、农房等资源的使用权,吸引社会资本进入农业农村,使农村的生态资源和各类闲置资源得到有效利用,并通过农产品认养、私人定制、民宿租赁等多种形式,与以往低频消费的用户建立黏性关系,推动绿水青山真正转化为金山银山。如德国大力发展市民农园,每到周末农园主就举家来到城市边缘的田园劳作,享受优美乡村环境。对照国际经验,乡村未来社区从理念提出、政策设计到实施机制,都符合农业农村现代化的规律和发展潮流,是一条成功之道。

(四)乡村未来社区是衢州乡村推进共同富裕的金名片

乡村未来社区建设是新时代实施乡村振兴战略、推进农业农村现代化、实现共同富裕的有益探索和实践,通过标准化、特色化、品牌化推进,可以成为浙江乡村高质量共同富裕的金名片。从当前推进情况看,乡村未来社区具有多方面带动作用。它除了带动乡村建设和产业发展、促进农村第一、第二、第三产业融合发展、提高农民收入等作用外,还有以下几个方面的作用:首先是改善农村人居环境。乡村未来社区需要改造农房、美化亮化村道、提升村容村貌,有助于改善农村人居环境。其次是保护挖掘当地特色文化。特色文化是乡村未来社区的一大卖点,乡村未来社区建设更需要挖掘当地的特色文化。再次是推动提升乡村文明程度。要吸引游客到来,必然需要提升村民的文明素质,同时乡村产业的升级,也会催生一批新农人。最后,乡村未来社区的建设带动乡村产业发展的同时,增加了就业岗位,可以把脱贫群众的利益与乡村未来社区的建设融为一体,形成稳定脱贫内生机制,为政府提供了一条"造血式"脱贫致富新道路。

五、挑战及对策建议

莲花的成绩铸就了新的起点,但前进的道路上还面临不少挑战:如何以未来乡村建设加快补齐农村公共服务短板;以未来乡村建设加快完善城乡要素对流机制;以未来乡村建设加快推动乡村集群协同发展;以未来乡村建设加快促进农村产业提质增效;以未来乡村建设促进集体经济发展和农民增收。对于这些问题,我们必须时刻保持清醒的头脑,坚持问题导向,切实加以解决。

(一)以未来乡村建设加快补齐农村公共服务短板

农村公共服务供给不足是城乡发展差距的重要短板。为此,要以未来乡村建设为契机,加快推进城乡基本公共服务均等化,打造好基础设施、住房、医疗、养老、卫生、教育、文化等公共服务场景。重点任务是加快农村传统基础设施提档升级和新型基础设施建设;建立城乡一体与协同的医疗共同体,推动市县级优质医疗资源向基层医疗机构下沉,完善家庭医生和云诊室制度,实现普通病症就地就诊和疑难杂症急症在线远程医疗服务;统筹县域康养资源,发展普惠性和互助性养老,建立康养联合体,推动机构社区居家养老"互融互通";推进集团化办学和城乡教育共同体建设,推动教育集群化特色化发展和城乡教育资源的均衡配置。

(二)以未来乡村建设加快完善城乡要素对流机制

城乡发展存在差距的主要原因在于,城乡要素市场割裂以及城乡要素交换不对等所导致的城市向农村汲取过多。为此,要以未来乡村建设为驱动,加快打破"二元对立"和"城市中心、乡村边缘"的传统格局,完善城乡要素自由、平等的对流机制。重点抓手是深化"两进两回",联动乡村各类园区建设,集中打造一批能级高、作用强的双创空间、星创天地、小微创业园,以人才回流为乡村发展引入更多的技术流和资金流。要从创业、居住、公共服务等全套政策支持体系建构出发,不断完善创新创业扶持和激励机制。

(三)以未来乡村建设加快推动乡村集群协同发展

乡村形成是人与自然互动演化的结果,毗邻村庄往往存在地域相接、人缘相亲、习俗相近、文化相通、产业相似的特点,但由于行政边界的存在,阻碍了乡村与乡村的要素流通、产业融合和治理协同。为此,要推进乡村集群化发展,加快运用数字技术破除地理和行政边界效应,形成设施共建、资源共用、产业共兴、文化共融、服务共享、区域共治的格局。如浙江省淳安县建立的大下姜乡村振兴联合体，开展产业共兴、品牌共建、环境共保、资源共享等协作，取得了较好的发展成果；临安区太湖源等地在村落景区化发展基础上，积极探索村落集群化协同发展，从资源利用、市场引流、品牌打造等方面开展一体化运营模式。

（四）以未来乡村建设加快促进农村产业提质增效

农村产业发展是未来乡村建设的重头戏，也是实现农民增收致富的主要路径。未来乡村建设所贯穿的数字化和低碳化技术主线，将有效促进农村三产高质量融合发展。为此，要加快顺应消费结构升级，以激活市场、激活主体、激活要素的改革深化，推进农业供给侧结构性改革；以园区化、特色化和科技化，引导农业产业集聚和创新发展；以技术创新不断提高农业生产率；以产业融合发展不断延伸产业链和价值链，提高农产品附加值和竞争力。

（五）以未来乡村建设促进集体经济发展和农民增收

发展壮大村级集体经济和促进农民增收是未来乡村建设的重要内容。为此，要进一步深化农村集体产权制度改革。要瞄准消费空间逆城市化趋势，加快盘活闲置的宅基地、民房、公益性用房等资产。同时深度挖掘和利用好生态资源，做好生态资源转化文章，加快资源资产化、资产股权化、集体与农民股东化进程。要创新乡村经营模式，构建村级集体融资平台，引入社会资本，建立由多元主体投资、由专业团队运营、利益机制紧密的村庄经营新模式。要鼓励村集体打破村域界限，通过村企合作、易地开发、多村联营等方式发展新型集体经济，如采取"土地＋资金""强村＋弱村"等形式，引导集体经济薄弱村将闲置或低效利用的资源集聚至"飞地"项目，实现抱团发展。未来乡村建设还要强调包容和开放，要充分保障低收入农户，鼓励乡村各类经济实体优先吸纳低收入农户就业，以提高乡村公共服务供给为契机，尽可能多设立公益性岗位并优先安排低收入农户，提高低收入农户家庭的工资性收入。

区域合作共富模式

龙游县探索"一镇带三乡"模式
开展山区共富实验

摘要:作为浙江省首批未来乡村建设试点、衢州市首批联合国可持续社区标准化试点,溪口未来乡村规划总面积 0.8993 平方千米、实施单元总面积 0.4829 平方千米,立足溪口镇"一镇带三乡"的区位优势,以"溪口公社、快乐老家"为主题,按照"创建一个社区、集聚一批人才、培育一个产业、带动一地发展"的思路,打造未来乡村先行地、乡愁文化传承地、打造乡村双创集聚地、集成改革样板区、基层治理示范区。聚焦聚力"创客回归、山区共富"新模式,率先制定未来乡村双招双引新政策,打造"政府＋企业＋居民＋旅客"共享新空间,组建党建联盟统领下的"创客联盟、专家联盟、青春联盟、网红联盟"新团队,构建全民化、全链条的新治理,首个开启零碳、共享、智慧、健康等未来生活实验,集聚"一镇三乡"人口达 2700 人,入驻乡村创客达 46 人,每年参加学习、创业、实践的师生 3500 余人,年游客接待量达 35 万人次,村集体收入超过 100 万元,一盒故乡电商平台年销售额超过 1200 万元,助农销售农特产品 20 余万件,平均农户增收 1—2 万元,一个兼具创新产业和原乡情怀的居业协同性社区成效初显。2021 年,成功入选浙江省农业农村领域高质量发展建设共同富裕示范区首批试点、浙江省第二批千年古镇复兴试点,开启共同富裕新征程。

关键词:山区共富;一镇带三乡;共同体

中央"十四五"规划和 2035 年远景目标纲要提出,支持浙江高质量发展建设共同富裕示范区。袁家军同志在共同富裕专题会上强调,要"迅速形成全省总动员、人人齐参与、全面抓落实的浓厚氛围,凝聚起全社会共同奋斗推动共同富裕的强大力量"。龙游县认真贯彻中央决策部署和省委主要领导讲话精神,在溪口镇、庙下乡、大街乡、沐尘乡等龙游南部四个乡镇开展"一镇带三乡"山区共富实验,取得显著成效(图 13)。

一、山区共富问题导向

山区高质量发展实现共同富裕主要有"三难":

首先是两山转换通道尚未拓宽,导致经济长效发展难。除少数区位优势明显或旅游禀赋突出的乡村外,多数山区尚未找到行之有效并且长期有效的"绿水青山就是金山银山"的转换通道。如何将山区的生态环境优势、特色文化优势转换为旅游优势和流量优势、转换为对人才的吸引力、转换为经济增长点,是

图 13　龙游县溪口镇

强化山区"自我造血"功能、加快实现高质量发展的关键。

其次是山区地广人稀局面加剧,导致服务有效供给难。随着城市化不断推进,越来越多的人从乡村进入城市工作生活,加剧了乡村"地广人稀"的局面,给政府公共投入带来很大困难。在财力有限的情况下,出于资金使用效益最大化的考虑,乡村的政务服务和公共服务配套相对较少,难以有效覆盖分布在广大山区的所有群众。

再次是区域统筹机制不够健全,导致资源高效利用难。与城市地区资源高度集中、快速流动不同,山区可利用资源少且分散,不仅缺乏资源调配的市场主体,而且乡镇作为最基层一级政府也难以跨区域开展统筹协调。以旅游资源为例,不少乡镇都有一些"小而美"的可开发点,但单一来看均难以支撑旅游产业发展,往往需要跨乡镇协作,将景点"串珠成链",统筹进行整体规划、游线开发、标识设计、宣传推广等工作,统筹建设住宿、餐饮、交通等配套,从而充分放大资源衍生效益。

在"三难"中,第三"难"是核心,前两"难"是表现,高效的资源利用是经济长效发展和服务有效供给的支撑,因此解决难题的核心在于建立健全资源统筹协调机制,提高山区资源配置和利用效率。龙游县在龙南山区开展的"一镇带三乡"山区共富模式探索,是解决第三"难"的有益实践,是山区县区域一体化协同发展的典型样板。

二、龙南山区共富实验的主要做法

龙游县的主要做法可以归纳为:构建完善山区共富四大指标体系,做强区域核心,打造"三个共同体",实现"一镇三乡"协同发展。

(一)山区共富实验的四大体系

袁家军同志多次指出,要明确共同富裕示范区建设的目标体系、工作体系、政策体系、评价体系,构建起"四梁八柱"。龙游县从山区群众需求出发,以问题为导向,积极构建完善山区共富实验的"四大体系"。

1.加强组织领导,建立健全工作体系。一是建立龙南片区"一镇三乡"党委定期联席会议机制,明确由1名县领导直接挂联统筹,对片区内的党建工作、发展规划、重大事项进行共商共建,形成工作导图。二是建立片区内重点工作合力攻坚机制,根据项目需求实行专班化运作,成立临时攻坚指挥部,统一调度片区内党员干部力量,实现集中力量办大事。三是组建龙南党建联盟,依托联盟整合片区内党建优势资源,切实把基层党组织做优做强,广泛发动基层党员力量,形成攻坚合力。

2.加强目标引领,建立健全指标体系。一是明确总体目标和短期目标,长期目标是"把龙南片区打造成全市乃至全省有影响力的党建统领先锋区、'两山'通道转化实践区、全域旅游示范县核心区、'四治'融合示范区、便民服务'一个政府'先行区、新型农民集聚样板区",在此基础上提出两个月内的短期目标以及四个乡镇各自的工作目标。二是明确任务总清单和近期工作清单,在党建、产业、旅游、治理、服务、城乡融合等6大领域提出共20项具体任务,明确牵头单位、配合单位、完成期限等,根据工作需要提出9项近期重点工作,实行全程跟踪管理。三是加强指标量化管理,按照"定性目标定量化"的原则,形成以经济指标(如GDP、财政收入、村集体年经营收入、青壮年劳动力占比等)、民生指标(如农民人均可支配收入、低收入人群收入涨幅、最低生活保障等)、绿色指标(如水质、空气质量、生活垃圾分类和利用率等)、治理指标(如党员人数、志愿者人数、矛盾纠纷就地处置化解率等)、服务指标(如政务服务下沉比例、无差别受理事项数量等)、文明指标(如文化礼堂覆盖面、文体活动频次等)等为核心的定量指标体系。

3.加强资源供给,建立健全政策体系。一是制定出台《关于高质量推进龙南片区"一镇带三乡"区域协同发展的实施意见》,加强县级对龙南山区共富实验的统筹指导,并在此基础上出台一系列扶持政策。二是在编制县级"十四五"总体规划和国土空间、产业发展等各专项规划时,突出龙南片区一体化导向,加强系统性、前瞻性和科学性,将"促进龙南'一镇带三乡'区域协同发展"写进"十四五"规划《建议》,制定出台《龙南旅游发展规划》等一系列专项规划。三是各部门结合共富实验任务从人、财、物等资源要素上向龙南片区倾斜,组织部门加强专班人员力量配置,执法力量加速下沉,财政部门加大经费保障。

4.加强监督考核,建立健全评价体系。一是完善考核机制,将片区部分考核指标进行捆绑,实行片区联动考核,开展"一镇三乡"互评互考,加强横向协同,落实县乡"双向考评",尤其重视乡镇对部门的反向考评,倒逼各责任单位全力支持龙南片区共富实验,加强上下联动。二是完善督查机制,由县委组织部、督考办加强督促检查,每个月定期开展实地督查,对责任不落实、组织不得力、工作不见效的现象进行严肃问责追责,对连续两次出现问题的单位,由县委领导进行约谈,强化压力传导。三是深挖典型案例和典型事迹,及时挖掘共富实验中涌现出的好做法,在县级层面予以推广,对共富实验中表现突出的党员干部进行荣誉表彰,在干部提拔方面予以倾斜,不断激发党员干部干事创业活力。

(二)做强区域核心,打造三个共同体

龙游县从龙南山区现实发展的实际限度出发,强化县域副中心的龙头带动效应,推进一镇三乡资源质素一体化整合发展,打造三大共同体,增进龙南山区在物质和精神两个层面协同共富。

1.依托溪口"乡村未来社区"建设,做强区域核心。

一是推进优势配套集聚。大力加强溪口作为县域副中心城镇在交通、教育、医疗、文化等方面的配套设施建设,新建智慧球场、共享图书馆等文体场馆,实现核心区5G信号全覆盖,改造大食堂为游客用餐、居家养老配餐、镇干部工作餐等三合一的"公社食堂",全面推进乡村未来社区学院建设,计划秋季开学投入使用。推动龙南旅游集散中心等旅游配套设施落地,开工新溪路等一批乡村道路。二是推进创业资源集聚。以黄泥山创客平台、溪口老街文旅平台为载体,延伸文旅与现代服务业,带动第一、第二、第三产业融合发展。改造镇政府部分办公空间为青年创客、新业态群体联合创业的文化创意空间"联创公社",打造开放式办公环境及服务设施,营造创新开放共享大生态。推进"乡村电商、乡村工匠、乡创工坊、乡创论坛"四大板块,打造农产品、工艺品加工区、展示区、体验区、销售区。打造创业助手一站式服务中心,推行"一站式办公、一条龙服务、并联式审批"的运行模式,谋求逐步构建完善技术、政务、金融、信息、经营管理、营销推广、政策指导、法律咨询等个性化服务。三是推进人口人才集聚。围绕美丽大花园建设,依托龙南山区全域土地综合整治以及易地搬迁安置小区——翠竹小区建设,引导高山远山群众向中心镇集聚,推动农民就近就地城镇化,形成人口集聚、产业集群、土地集约的良好效应。目前累计安置"一镇三乡"搬迁农户 712 户,并通过政府搭桥为 265 户业主实现本地企业就业,户年收入 12 万元左右。制定《溪口乡村版未来社区"联创公社"双招双引政策》,吸引更多高校、乡贤入驻回乡,成功吸引杭州电子科技大学研发中心、曹春生专家工作站、清华大学林乐成工作室、四省边际研学研究院入驻,推动人才要素加速集聚。

2.打造"一镇三乡"治理共同体,以共治促共富。

一是整合执法"一支队伍"。以龙南联动治理中心为载体,整合综合执法、市场监管、规划资源、林水、文旅、环保等力量,全面梳理片区联动执法事项清单,实现一支队伍管执法。二是推进应急"一体联动"。建立健全龙南应急救援联动机制,统筹龙南专职消防队、山野消防救援队等消防救援力量,实现应急救援设备共用、物资共筹、险情共排、家园共护,2021 年,消防队共联合出动救火 16 次。三是做强矛调"一个联盟"。建设龙南"舒心驿站"矛盾纠纷调解品牌,吸纳片区社会组织、行业协会、律师乡贤,组建覆盖龙南片区的矛盾纠纷调解联盟,建立"固定＋巡回"矛盾纠纷调解服务机制,强化龙南片区的纠纷、事件协作协调,充分发挥 1＋1＞2 的作用。2021 年,共受理矛盾纠纷 372 起(包括跨乡镇调解案件 24 起),调解成功 368 起。四是完善智治"一个系统"。依托"龙游通＋全民网格"模式,不断打通、融合四个乡镇的治理事项,创新"信用＋治理",借助数字化手段,建立覆盖 4 个乡镇的家庭和个人信用体系,将其引入网格治理,形成"信用＋社会治理"特色模式。

3.打造"一镇三乡"产业共同体,以共产促共富。

一是在人才引育留用上"抱团发展"。重点培育龙南创客联盟,按照"留住原乡人、召唤归乡人、吸引新乡人"的思路,依托创客联盟实行人才招引"一个口子",招引成功后统筹安排具体合作落地的乡镇,形成"一镇三乡"人才共照共育体系。目前,创客联盟已经吸引了一盒故乡创始人姜鹏、瓷米吴素芬、怀锦文化杜晓霞、听涧楼敏、衢州学院勤勤教育等8家创客入驻,为龙南产业发展注入了新鲜血液。二是在全域文旅融合上"抱团发展"。充分发挥龙南片区"一镇三乡"地理毗邻、文化同源的优势,深挖独具特色的龙南文化,深化文化活化传承,探索文旅融合、区域错位发展机制,目前已推出龙南游线5条。联合申报省、市职工疗休养基地,共接待疗休养、工会、培训等100多批次。整合龙南"一镇三乡"市场主体,建设龙南旅游集散服务中心,开发龙南"云上旅游"服务平台,整合区域旅游、交通、民宿、美食等资源,实现旅游配套一体化管理。三是在区域特色产业上"抱团发展"。以每个乡镇的乡村振兴综合体为载体,以国资公司牵头、村集体参股组建"两山"公司,聚焦竹产业第一、第二、第三产业融合发展,加强区域内竹林资源统管、统购、统销,改变"单打独斗"的生产经营模式。成立龙南"匠心竹艺"协会,吸纳龙南片区闲散劳动力,培育一批竹制品手工艺人。深入实施"村播计划",依托"电商＋竹乡",打造竹居生活O2O体验馆,打响龙南片区竹工艺品牌。

4.打造"一镇三乡"民生共同体,以共富促共享。

一是便民服务跨乡镇无差别受理。持续深化综合便民服务能力,在区域核心区溪口镇乡村未来社区内设立无差别政府服务中心和24小时便民服务中心,统一受理4个乡镇村民事项。落实赋权下沉清单,全面梳理龙南片区协同办理事项清单,实现70%民生事项在乡镇便民服务中心可办,并将大众、高频服务事项向便民服务代办点延伸,龙南片区村民可在区域内实现无行政边界、无属地权限就近办理。2021年中心受理的"一镇三乡"常办业务中税务开票974件、医保报销590件、生育登记131件,其中非溪口本镇业务占比分别为38.2%、41.7%、49.6%。二是教育下乡跨乡镇无差别服务。与衢州学院共同建设乡村未来社区学院,吸引更多高等院校入驻,创新组建龙南校地联盟。由衢州学院统筹教学资源,将匹配度高的课程、实习、实训和实践活动等实施于龙南教学基地,2021年,衢州学院共派出专家指导组到龙南地区调研指导50余批次300余人次,解决项目建设、人才短缺等问题80余个,教育培训龙南干部群众2000余人次。三是全民健康跨乡镇无差别普惠。推进溪口卫生院智慧升级,扩大卫生院规模,与龙游县中医院建立医疗共同体,在医疗技术、专家团队、仪器设备和信息化平台建设方面加强合作,全面服务"一镇三乡"村民。开展辖区内 20—69 周岁公民身体运动功能评估、国民体质监测等工作,对辖区内 70 岁以上老人提供免费体检,摸清"健康底数"。由 4 个乡镇政府、镇内卫生医疗机构和第三方共同组织开展健康讲座,联合举办民间赛事,激发群众参与热情,提升村民健康意识。

三、山区共富实验的相关启示

龙游县以溪口镇为核心,推进"一镇带三乡"山区共富实验,总体来讲成效明显,具有一定借鉴意义,也给浙江省共同富裕示范区建设提供了三方面启示。

首先是龙游县"一镇带三乡"山区共富实验是"精准共富"的一次有益尝试。2013 年,习近平总书记首次提出"精准扶贫"概念,并在之后的脱贫攻坚实践中不断深化完善理论体系,为 2020 年打赢脱贫攻坚战提供了有力支撑。扶贫"贵在精准,重在精准,成败之举在于精准",精准扶贫提出六方面"精准":扶贫对象精准、项目安排精准、资金使用精准、措施到户精准、因村派人精准、脱贫成效精准,对应到共富也是如此。比如,在共富对象上,率先聚焦与溪口镇毗邻的龙南三乡村民开展共富实验,有利于资源共享、优势互补;在项目安排上,重点安排落地独具当地特色的乡愁产业、文旅产业、竹产业,充分发挥区域既有优势;在资金使用上,重点把资金投入乡村基础设施改善和民生服务提升;在措施到户上,在帮助就业、健康检测等方面做到精准到人、因人施策;在因村派人上,通过与应用型的本地大学衢州学院合作,了解当地情况,又能提供偏应用的实际服务,为共富提供了智力外脑;在共富成效上,通过山区共富实验,4 个乡镇的游客接待量突破了 200 万人次,年乡村旅游收入突破了 1.65 亿元,村民的可支配收入有了明显提升。因此,在打赢脱贫攻坚战、迈向共同富裕的新征程中,有必要总结既有"精准脱贫"经验,结合龙游等地实践,探索"精准共富"的概念内涵和可行举措,为浙江省开启高水平全面建设社会主义现代化国家新征程提供路径支撑。

其次是山区共富需要率先集聚有限优势资源做强区域龙头。在山区共富实验中,山区存在既有先天资源匮乏、后天公共投入不足两大难题。与城市相比,乡村地区往往"绿水青山"资源丰富,但是能够转化为"金山银山"的资源禀赋欠缺。加之随着城市化不断推进,越来越多的乡村人选择"逃离"乡村,造成乡村"地广人稀"的局面,也给政府公共投入带来很大困难。在政府财力有限的情况下,为了达到资金使用成效的最大化,政府只能将更多公共资金投入人口更多的城市地区,这种"效益最大化"的思维无可厚非,而且具有经济学上的合理性,但确实间接导致山区在共富进程中落后了。乡村振兴战略提出以来,国家大力支持乡村发展,在资源和资金导入上对乡村进行了大幅倾斜,但是地方在资金使用上往往采取"撒胡椒粉"的方式,资金和资源分散投入,缺乏集聚效应,成效不明显。龙游县"一镇带三乡"的基本思路是做强"带动"镇的龙头效应,通过打造溪口乡村未来社区,促进公共资源在某片区域集聚,不仅带来了引导效应,吸引社会资源、高校资源流入,而且使溪口的县域副中心功能更加完善,方便周边三乡居民在离家不远的地区就能找到就业机会、享受更好的公共服务,更放大了辐射效应,做强龙头后溪口有了更大能力整合龙南区域自然资源、旅游资源、空间资源、配套资源,带动龙南片区共同发展实现共富。龙游山区共富实验的经验表明,在山区资源有限的情况下,必须避免"撒胡椒粉"倾向,率先集聚有限优势资源做强区域龙头,充分发挥资源支撑效用。

再次是共同体模式是推进山区共富的有效路径。2003年,时任浙江省委书记的习近平同志作出了"八八战略"决策部署,其中提出要"进一步发挥浙江的山海资源优势,大力发展海洋经济,推动欠发达地区跨越式发展,努力使海洋经济和欠发达地区的发展成为浙江经济新的增长点",并创新"山海协作"体制机制,为推进浙江省共同富裕打下了坚实基础。可以说,"山海协作工程"就是共同体模式推进山区共富的最好范本。龙游县"一镇带三乡"也是共同体模式的另一种形态的实践。山海协作的共同体模式更多的是经济领域的协同共富,山区相邻地区的"抱团发展"则可以利用既有地理人文接近的优势,横贯治理、产业、民生等多方面,把共富的逻辑链拉得更长更完整,治理是发展的基础,是共富的前端,产业是发展的核心,是共富的中端,民生是发展的落脚点,是共富的末端。龙游县通过一镇三乡建立产业共同体、治理共同体、民生共同体,打通资源流动、区域治理的行政边界,4个乡镇形成了共治共产共富共享的命运共同体。在共富实验中,通过共同体模式,一些治理领域的体制机制梗阻得到打通,许多传统的治理难题比如跨区执法、联合救灾等得到有效解决;一些经济产业领域的资源要素流动性得到加强,许多偏远乡村得以与市场、资金、人才对接,逐渐打通"绿水青山"到"金山银山"的转化通道;一些民生服务的覆盖面得以扩大,真正将共同富裕的落脚点落到了百姓需求上。因此,我们建议,在推进共同富裕的过程中,应持续深化"山海协作工程",并借鉴龙游等地共同体模式经验,创新多种共同体形式,奏好共富"协作曲"。

四、进一步深化"一镇带三乡"山区共富模式的对策建议

(一)进一步做强区域核心,加快推进溪口"乡村未来社区"建设

1. 加快推进共同富裕现代化基本单元建设,将溪口乡村未来社区建成育儿友好型、老年友好型、教育普惠型、数字智能型、开放多元型、低碳循环型新社区,并进而推进一镇三乡多类型现代化基本单元建设。

2. 加快推进溪口作为县域副中心城镇建设,大力加强溪口在交通、教育、医疗、文化等方面的配套设施建设,推进优势配套集聚,使溪口成为龙南山区在地城镇化中心和区域服务输出汇聚中心。

3. 加快推进溪口两进两归双招双引地建设,以黄泥山创客平台、溪口老街文旅平台为载体,延伸文旅与现代服务业,打造创业助手一站式服务中心,推进创业资源集聚;创新人才政策,发挥校地合作优势,推进溪口成为龙南资金、技术、人才集聚地,进而系统推进优质资源向一镇三乡有效延伸落地。

4. 加快推进溪口作为山民转移安居地建设,依托翠竹小区建设,引导高山远山群众向中心镇集聚,推动山民就近就地城镇化。

5. 加快推进溪口作为龙南产业中心镇建设,广泛依托县委县政府和乡贤

支持,大力招商引资发展生态工业和新兴产业,将溪口建成龙南居民就业增收的主体阵地,进而将溪口发展为一镇三乡产业集群的牵引中心。

(二)进一步打造三大共同体,加快形成一镇三乡"抱团发展"模式

1.加快打造"以共治促共富"显性效应的一镇三乡治理共同体。

(1)共同深化党建联盟,完善党建统领一镇三乡区域协同治理的体制机制;

(2)共同建设舒心龙南,继续做好舒心驿站,充分发挥舒心驿站舒心之家的矛盾纠纷调解功能;

(3)共同建设安心龙南,建立健全龙南应急救援联动机制,实现应急救援"一体联动";

(4)共同建设平安龙南,以龙南联动治理中心为载体,整合执法力量,梳理联动执法事项,实现一支队伍管执法;

(5)共同建设智慧龙南,打造龙南一体智治体系,依托"龙游通""龙南综合指挥室""龙南智脑"等数字化平台,一体推进一镇三乡区域数字化改革和整体智治;

(6)共同建设有礼龙南,以礼治牵引智治、德治、法治、自治四治融合,结合有礼指数与乡风文明建设,凸显一镇三乡和美治理风貌;

(7)共同建设信用龙南,创新龙南全域"信用+治理",构建"龙南信用分",不断打通、融合四个乡镇的治理事项和信用分全域兑换激励机制;

(8)共同建设全域网格,打造一支龙南网格员队伍,构建"网格+治理"体系,推进一镇三乡网格工作一体化进程。

2.加快打造"以共产促共富"显性效应的一镇三乡产业共同体。

(1)共同建设龙南人才服务中心,推进一镇三乡在两进两归、人才招引用以及人才政策上的一体化,重点培育龙南创客联盟,在人才引育留用上"抱团发展"。

(2)共同谋划龙南产业整体规划,统筹构建龙南一镇三乡产业格局,推进产业发展带动龙南山区普遍增收共富,在总体提升中不断缩小乡镇居民收入水平差距。

（3）共同推进龙南文旅产业发展，充分发挥龙南生态和人文优势，培育龙南一镇三乡全域文旅品牌，推出更多联动游线，开发龙南文化产业，整合区域旅游、交通、民宿、美食等资源，结合文创、研学和夜经济，在龙南文旅产业融合和拓展上"抱团发展"。

（4）共同实现龙南生态产业升级，加强区域内笋竹资源规模整合，共同打造笋竹特色品牌，升级笋竹产业，在笋竹特色产业扩销增值上"抱团发展"；构建区域性"两山银行"，创新龙南两山转化通道，共同推进龙南山区生态产业资源集聚转化。

（5）共同衔接龙游生态工业通道，充分把握浙江省委省政府对龙游生态工业的支持，共同培育和招引基于龙南山区资源的生态工业，实现生态产业和生态工业并举的生态经济发展。

（6）共同开发新兴业态山居经济，充分利用龙南地区生态宜居的优势，打造龙南版富春山居图，开发山居养老、山居康养、世外山居、山居社区等项目，将生态空间转化为共富渠道。

（7）共同促进龙南青年经济发展，充分发挥龙游县和衢州学院共建溪口乡村未来社区学院优势，将一镇三乡发展为衢州学院和四省边际高校大学生创新创业的首选基地，设置龙南青年经济基金，实际大力支持青年在龙南创业就业。

（8）共同开拓数字经济创新经济，基于龙南区位现实困境，重点支持可以打破地理区位限制的数字经济行业创新经济，全面加速升级一镇三乡 5G 基础设施和创业空间，招引动漫/动画、文艺创作、软件开发、互联网教育、网络直播等小而精的创业团队长期入驻。

3.加快打造"以共享促共富"显性效应的一镇三乡民生共同体。

（1）共同构建龙南就业增收服务体系，开发山区富裕指数和共富指数一套两维实时测评系统，将山区居民收入增长和收入差距缩小作为头号民生工程；广泛运用数字化手段和网格化服务，实现一镇三乡精准共富。

（2）共同建设龙南普惠医疗服务体系，促使优质医疗资源供给更加充分、布局更加均衡；率先实施乡镇卫生院基础设施补短板项目和村级卫生服务"网底工程",推进一镇三乡卫生院智慧升级,与龙游县中医院建立医共体,全面服务一镇三乡村民,着力提升全民健康;与市县人民医院合作,迭代升级"互联网＋医疗健康"新服务,率先在龙南推进健康多跨场景应用,使人人享有便捷化、智能化、有温度的卫生健康服务。

(3)共同构建龙南行政服务便民体系,将高频便民服务事项向基层延伸,实现无行政边界、无属地权限就近办理;加速便民服务数字化改革,加快区域网格一体化建设,实现全时段全方位便民服务。

(4)共同建设龙南普惠托育服务体系,充分发挥衢州学院幼教专业优势,共同探索普惠托育的龙南行动模式,大力支持幼儿园发展托幼一体化服务,率先开展普惠性幼儿园扩容工程和山村幼儿园补短提升工程,共同促成龙南一镇三乡学前教育普及普惠。

(5)共同建设龙南普惠高质教育体系,大力发展"互联网＋教育",构建未来教育场景;构建龙南义务教育共同体,发挥校地合作优势,同标准提升一镇三乡中小学幼儿园教育质量,巩固和扩增优质师资队伍;共同探索龙南集团化办学路径,共同制定终身学习型社会的龙南示范建设方案,共同建设龙南基层社区学校、老年学校;共同建构"学分银行"制度,实现终身教育丰富便捷,满足龙南人民时时处处学习的需要。

(6)共同建设龙南职业技能培训体系,充分发挥校地合作的优势,开发面向龙南一镇三乡全体劳动者的终身职业技能培训体系和体制机制,根据龙南不同年龄段不同就业群体开展具有强适用性和针对性的职业技能培训,促进就业增收。

(7)共同开展健康龙南全民行动计划,推行运动龙南工程,普及普惠升级一镇三乡体育运动基础设施,广泛开展各类健康运动项目,营造人人运动人人健康的龙南风气;全面完善区域社保制度,推进社保数字化改革,实现社保制度精准化;实施一镇三乡养老重疾扶助社保计划,引入普惠式商业养老保险和重疾险,提升政府兜底比例,充分发挥惠衢保等政府主导性保险项目的牵引作用。

(8)共同建设龙南幸福养老服务体系,发展一镇三乡普惠养老和互助养老,加快建设居家社区机构相协调、医养康养相结合的养老服务体系;加快加强持证养老护理员培训,健全龙南留守老年人关爱服务体系;大力发展龙南银发经济,有效开发利用老年人力资源,促进老有所为;建设老年友好型山区,丰富山区老年人精神文化活动。

古风村庄＋现代运营，彰显双溪共富活力

——衢州市柯城区石梁镇双溪村共富模式探索

摘要：衢州1市2区3县均在浙江省26个加快发展县名录中，各市县区山区村在探索共同富裕方面做出了极大努力，进行了多元创新实践。衢州学院四省边际共同富裕研究院、衢州市农业农村局等联合发起推进落实共同富裕典型案例调研活动，旨在总结山区县山区村在共富示范区建设中的衢州模式，推动衢州市山区县高质量发展，用实际行动表明在共同富裕建设过程中，衢州市在浙江省努力领跑新标准、在全国率先探索新模式，彰显山区县干在实处、走在前列、争立潮头。位于柯城区的双溪村拥有良好的旅游资源禀赋，2014年村庄整合，2019年成立股份制公司，在探索共富的道路上成绩斐然。美丽双溪的共富规划包含"隐世双溪"村庄整体形象规划、双特双溪产品规划、"种养双产"双溪产业规划等内容；挖掘族居文化，传承悠久历史，彰显古村机理主要由张西村的发展和寺桥村的规划体现；公司运营模式创新了村集体经济发展，主要包括核心业务规划、差异化发展策略、公司运营成效等内容。双溪村的发展实践提供了宝贵和可借鉴推广的共富经验：坚持共富理念，壮大村集体经济；探索共富模式，创立股份制村企；实践共富路径，深挖古风内涵；推广共富形象，融合多元媒体；通力共富协作，深化山海对接。

关键词：隐世双溪；种养双产；公司运营；共同富裕

一、背景情况

（一）调研背景

乡村作为共同富裕示范区的短板，其共同富裕的实现关乎浙江省共同富裕的体制机制和政策框架的形成，以及创造性、系统性落实示范区建设各项目标任务的完成。衢州的1市2区3县均在浙江省26个加快发展县名录中。为积极贯彻和落实《浙江高质量发展建设共同富裕示范区实施方案（2021—2025年）》《衢州高质量发展建设四省边际共同富裕示范区行动计划（2021—2025年）》和《衢州市统一战线"同心共富"六大专项行动助力打造四省边际共同富裕示范区实施方案（2021—2025年）》等文件精神，衢州学院商学院共同富裕研究中心、衢州市农业农村局等联合发起推进落实共同富裕典型案例调研活动。

（二）调研目的

此次共同富裕典型案例调研活动分组并行推进，根据调研活动方案，笔者所在小组于2021年1—2月通过村干部访谈、村民调查等方式全面了解石梁镇双溪村共富发展模式。拟通过双溪村的产业发展规划和村集体股份制运营管理，展示山区村在实现共同富裕方面的努力探索，提炼村级层面追求共同富裕目标的实践经验，总结山区县山区村在共富示范区建设中的衢州模式。为推动衢州市山区县高质量发展、建设四省边际共富示范区提供鲜活样本，用实际行动表明在共同富裕建设过程中，衢州市在浙江省努力领跑新标准、在全国率先探索新模式，彰显山区县干在实处、走在前列、争立潮头。

二、发展现状

（一）自然禀赋

双溪村位于衢州市城区以北约 25 千米处，坐落在衢州北高峰"白菊花尖"的山脚下，毗邻常山县、七里乡，地处国家级森林公园、桃源七里 AAAA 级景区地带。双溪村隶属衢州市柯城区石梁镇，里源、张西源两条溪流贯穿其中，故此得名，大自然的调节让这里冬暖夏凉，成了名副其实的天然氧吧，素有"浙西小九寨"的美誉。2019 年，双溪村被列入第五批中国传统村落名录、国家森林乡村、浙江省美丽乡村特色精品村（图 14）。

图 14　双溪村村口

（二）发展现状

双溪村是石梁镇最偏远的山村，全村 475 户，人口 1475 人，曾散落分布在多个自然村庄。过去，重重大山阻隔了双溪村与外界的联络，山多地少，贫瘠的土地又难以养活生活在其上的人口，漫山遍野的竹林、茶叶成为双溪村人的主要收入来源。笋干、高山茶、箬叶成为双溪的"三个特色产品"。2014 年村庄整合，现在的双溪村由张西、寺桥、大源山三个自然村组成，全村 1500 多人 500 多户。双溪村坚持以产业发展为核心，将以前重基础设施建设轻产业植入的模式，转换为围绕产业需求完善相关配套设施，并组建村集体控股的股份制运营公司，以公司化的模式进行管理，带动村民致富。

三、主要做法及成效

（一）共富规划，建美丽双溪

2014 年双溪村并村管理之后依托山水资源和环境禀赋，村两委积极谋划山村经济发展，对双溪形象、双溪产业、双溪产品和双溪共富进行整体规划，推动民宿旅游，深化产业发展，取得显著成效。2014 年并村前村集体经济收入规模 3—5 万元，并村后，特别是村集体股份制公司开办以来，村集体经济创收规模迅速攀升，2021 年达 53 万元，人均收入比 2016 年提升 3 倍左右。目前有超过 60 家农家乐，年收入均在 20 万元以上，带动当地村民就业增收。正在筹划中的草药种植和清水鱼养殖将进一步拓宽双溪村产业发展，助力村民共富。双溪村的共同富裕整体规划从以下几个方面进行。

1．"隐世双溪"村庄整体形象规划。借助衢州江南儒城·水亭门、衢州郑氏民居、大岭背古道等景点、桃源七里景区等江南古城形象，打造现代都市的"隐世双溪"形象——塑造张良族居故里（张西村）、庙宇文化寺桥（寺桥村）、隐居禅修大源（大源山村）。当前张西已有一定知名度，大源山可后期开发，近期重点塑造古桥、庙宇双溪形象，突出衢州文化，彰显古城亮点。寺桥石拱桥地处寺桥村胜堂（原资忠寺前），始建于清道光元年(1821)，横跨大头源溪流之上，为麻石垒砌券拱。古桥做工精致，用料讲究。桥长 22 米，宽 4.3 米，桥两侧分别用卵石及麻石构石阶七步，桥面以麻石铺面，中心呈回字形，千斤石居中，是目前衢州市保存完好、历史悠久的石拱桥之一，具有较高的文物价值。此桥的发现为研究浙西地区古时的桥梁制造提供了重要实物资料。寺桥石拱桥在 2009 年 12 月被评为市级文保单位。双溪形象规划中可重点打造"溯源双溪庙宇文化，保护寺桥沧桑古桥"行动。目前，按照整体规划，双溪村历史文化村落保护重点村建设项目旅游休闲景观配套设施工程（旅游休闲广场建设、零星节点及民居修缮工程）经柯城区发展和改革局〔2021〕212 号文件同意建设，项目已具备招标条件，正在招标，这为进一步提升双溪形象奠定了现实基础。

2. 双特（传统特产和工艺特色）双溪产品规划。衢州柯城石梁，素以人勤物丰扬名。打造双溪形象的同时，不可忽视带有双溪印记的特色产品规划。产品规划围绕传统特色产品和莹白瓷地理标志产品进行。近年来双溪旅游和民宿的发展带动了传统特色产品笋干、高山茶、箬叶的销售。对于笋产品、高山茶和箬叶的开发，要与时俱进，开发关联产品，如开发高山野笋、小笋衣、笋嫩头、无盐笋干等笋产品。对于高山茶产业则聚力提升茶产业规模化、标准化、品质化程度。将茶产业单一经济与文旅融合协调发展，开发"茶观赏""茶采摘""茶炒制""茶品尝"等体验项目，带动创业，促进就业。探索依托丰富的箬叶资源，发展箬叶加工基地，筹划成立箬叶加工公司。

结合"隐世双溪"形象，发扬衢州莹白瓷生产加工，打造双溪特色文创产品。衢州莹白瓷是衢州市研制生产的一种具有独特风格的高档细瓷，是中国四大白瓷系列之一。它以瓷质细腻、釉面柔和、透亮皎洁、似象牙又似羊脂白玉而闻名遐迩，被誉为瓷中珍品，具有很高的艺术价值和收藏价值。2010 年对"衢州莹白瓷"实施地理标志产品保护。双溪村可结合张良族居故里、庙宇文化寺桥、隐居禅修大源等开发莹白瓷文创产品，发扬衢州莹白瓷工艺，进一步打造中国传统村落、浙江省美丽乡村特色精品村。

3."种养双产"双溪产业规划。依托区位优势和水资源禀赋，双溪村产业规划以种植和养殖两个产业为主，即"种养双产"：黄精种植和清水鱼养殖。黄精是一种药食两用植物,双溪村地势适合黄精的生长。2021年双溪村整合土地资源、学习种植技术、种植黄精140亩,是近年来共富产业发展的重点规划项目,将带动村民就业增收。村两委成员重视黄精产业发展,成立黄精产业化建设领导小组,积极鼓励个人、农业产业化主体和集体经济组织发展黄精种植,助推共同富裕。

此外,双溪清水鱼养殖计划已纳入村产业发展规划,依托冷水资源优势,探索清水鱼养殖。目前基本确定养殖示范点,拟进一步调研水质、环境,和相关技术公司洽谈,对比分析石斑鱼和柯城鲟鱼养殖条件、养殖方式和技术管理等,拟形成集繁育、养殖、加工、销售、休闲为一体的清水鱼养殖产业发展新格局,探索形成"公司＋基地＋农户"的产业化生产经营模式。

(二)历史传承,扬族居文化

张西自然村是张良后裔村,是双溪村发展的核心。张西村坐落在衢州北高峰——"白菊花尖"(海拔1394米)的山脚下,距离市区23千米,距离石梁镇政府13千米。村庄四周群山环抱,高山叠翠,白菊花溪、凉亭岗溪和石鼓溪三支溪流汇集穿村而过,风景独特。民居沿溪而筑,灰瓦白墙,疏密有致,风情古朴。现有居民54户约150余人。村内有农房98幢,其中44幢已于多年前被政府回收。大部分房屋始建于20世纪五六十年代,多为一层泥木结构平房,每幢面积约100平方米。村中主姓张氏为汉朝留侯张良的后裔,繁衍至今已有13代300余年历史。

1. 山海协作打造"智多张西"。张西自然村曾是个"闲置村",由于地理位置偏远,为解决张西自然村的村民增收和消除村集体经济薄弱问题,余杭山海协作工作组反复论证,双溪村两委班子发挥党建统领作用,统筹规划布局,提出切合当地的解决方案。2019年3月,余杭、柯城山海协作"智多张西"项目正式启动。一期整合余杭区援建资金300余万,柯城区配套资金1200万,力求通过"智多张西"项目探索浙江乡村振兴新模式,为衢州市、浙江省乃至全国提供柯城样板。项目以"修旧"方式打造自然的民宿村,目前已建成食一堃、南山书屋、留侯民宿等多个休闲娱乐场所。目前游客纷至沓来,山海协作的"智多张西"项目激活了村里的生态古村休闲旅游。

2. 公司化模式探索共富路径。产业兴旺是实施乡村振兴战略的重点，也是实现共同富裕的物质基础。以产业思维经营农村，用市场机制配置整合农村资源，从而实现村民致富、村集体增收。"智多张西"项目利用张西村独特的自然生态优越性，发掘张西村作为"张良族居"的历史文化特性，定位以发展乡村旅居产业为主导。产业布局以城市人的消费习惯和需求为张西村引入商业业态，配置合理的吃、住、行、游、乐、购完整产业链。双溪村以山海协作为契机，致力将先进的理念与模式植入原生态的山区农村张西村，探索出一条可复制的共同富裕的新路径。"智多张西"项目主要模式是，将以前重基础设施建设轻产业植入的模式，转换为以产业发展为核心，围绕产业需求完善相关配套设施，并组建以村集体为主的运营主体，以公司化的模式进行管理，运营团队以当地村民为主，形成一个利益共同体，探索出一条共同富裕的新模式。

3. 精细化建设保持古村肌理。杜绝大拆大建和硬件过度建设，采用充分释放闲置资源的精准建设，保持原村庄肌理与生态，对公共服务场所与经营性小微服务业态集中提升，追求实用性与性价比。2018年，双溪村启动了历史文化村落建设工程，主要包括修复与改建村庄古道，修缮古建筑，改造拆后附属房，提升景观节点，使古村焕发新颜。以招募化整为散的民间投资作为后续产业补充，销售村集体经济组织收回闲置农房20年的使用权，允许租赁者在不破坏原有建筑风貌的情况下，对其进行修缮和内部装修，通过共建共享发展完善旅居服务业态。在乡村智慧系统的支撑下，动员村民、外来投资者共同打造共享民宿、共享厨房、乡村饿了么、乡村教室、共享茶楼、共享微交通等服务业态，提供全面的高性价比的旅居服务。

（三）公司运营模式，创新村集体经济发展

双溪村的公司化运作模式是村集体智慧创新的结晶，是现代企业经营理论与乡村经济的融合发展，也是新时代乡村治理和共同富裕的创新实践。双溪村结合发展规划，基于民宿发展优势，2019年注册成立"衢州市柯城区优宿物业管理有限公司"，该公司由村集体和村民个人合资组建，2020年正式运营。

1. 核心业务规划。一期以民宿管理为核心业务,为整村产业提供基础服务和公共服务,管理公共设施及承担环卫保洁职责,为村民、商户及游客提供咨询及中介服务,展示全村乡旅特色产品、风貌、文化等,用服务营收壮大村集体经济。目前已经拓展至餐饮服务管理、农特产品及超市销售服务管理。公司由村集体运营,员工由村民组成,根据公司运营需求,必要时还雇用临时工以补充民宿旺季服务需求。目前,双溪村旅游休闲景观配套设施工程(包括旅游休闲广场建设、零星节点及民居修缮、市政园林绿化)正在招标,招标人为衢州市柯城区石梁镇双溪村股份经济合作社,为村集体经济进一步发展和运营提供了保障,也表明了村集体作为共同富裕和乡村振兴的主体有更大的空间作为,将发挥更强的作用。

2. 差异化发展策略。充分发掘张西村当地的历史文化特性,以张良故事为原型进行卡通化再创作,并融合当地的农特产开发成具有当地特色的文创旅游产品。同时充分响应全域旅游倡导,配合周边景区、乡村、旅游项目,定制开发旅游线路、套餐等综合旅游产品,为全域景区和流量做好配套。通过本地化商业和服务发掘市场价值和口碑效应,实现长效的乡村旅游经济成长。探索农超对接的物产物联合作模式。引进标准连锁品牌社区超市,打通农产品上行和旅游商品下行渠道,向游客和村民提供高品质休闲旅游生活商品,同时收购本地农特优产品销往城市社区,集约物流成本。植入电商模式服务城乡两端市场。

3. 公司运营成效。在政府主导的建设投资中注重体系化建设,从市场定位、产业策划、有序建设、人才培育、智慧系统、文创开发、服务输出、资源整合、运营帮带、城乡融合、金融支撑等多方面入手,构建"五位一体"的发展模式。利用专业公司帮带村集体运营公司,实现村集体成立的运营公司对村庄内所有业态进行统一有序的管理,提供能满足游客旅居需求的个性化体验式服务,在服务中产生效益,最终实现公司盈利村集体增收的目标。紧密围绕"发挥村集体和农民自身力量""加速补齐农村基础设施和公共服务短板"等一号文件精神,促进共同富裕目标的加速实现。通过公司化运营和管理,逐步培育建立乡村人才体系。同时引入外部专业培训体系,运用张西村小微服务业态建立乡村振兴服务业态实操培训基地，使本地及周边更多农民得到专业化的实际操作培训，真正实现农民不离乡不离土实现创业、就业，成为各自乡村的产业发展生力军。

四、经验启示

（一）坚持共富理念，壮大村集体经济

双溪村权责明确的产权制度、多元化产权结构，壮大了集体经济，产生了集聚效应，有效提升了乡村自主发展的空间和共同富裕的能力。现阶段集体经济发展的关键是集体资产的保值增值问题。合理利用市场因素以及与此相伴的资源环境禀赋、区位价值，是新时期集体经济发展的重要条件。共富背景下，优化市场区位和农村内部"资源—资产"结构是集体经济进一步壮大的有效契机。此外，双溪村取得的成绩离不开村两委强有力的领导。在农村经济社会发展中，"村集体"这个概念代表的是农村基层组织——"村两委"的力量。"村两委"的威信和能力与农村集体经济的发达度为正相关关系。促进共同富裕，壮大村集体经济，要加强村两委的理论水平，提高村干部素质。

（二）探索共富模式，创立股份制村企

随着现代农村经济结构的变化，非传统农业经济——乡村旅游、休闲农业、农村电商、农副产品加工业等逐渐成为农村经济体系中最活跃和最具创新力的成分，成为企业契约精神与村级经济融合的载体。双溪村办股份制公司为探索共富模式提供了有益借鉴。"村集体"管理一体化、内外资源统筹协调、以农民为主体、专人做专事的发展理念，提升了村民参与乡村发展的主动性，拓宽了村民的增收渠道和路径。目前双溪村在股份制公司的运营下，在原有收入基础上带了4笔增收，即股金分红收入、租金收入、就业收入、创业收入。可见，股份制公司运营是村级企业发展的有效实践。

(三)实践共富路径,深挖古风内涵

结合双溪村的文化底蕴,可进一步挖掘张西村的族居故里文化,弘扬寺桥村的庙宇文化,塑造大源山村的禅修文化,为资源禀赋相似的村找到能够呼吸自然、吐纳文化的落脚点。与当地旅游部门、业内专家、品牌民宿负责人共同探讨民宿选址点,依托文化底蕴,提炼出优势特色,引入资本,设计主题鲜明的民宿群。积极地搭建业主、设计师、投资者的三方交流平台,用文化、艺术、创意设计赋予乡村新活力,形成可以深度游的文化旅游产品,并通过更高层次、更为丰富的体验,让游客感受古风、古韵的内涵。

(四)推广共富形象,融合多元媒体

合理利用融媒体,向外界发出统一的声音,宣传双溪统一的形象,对关联产品和服务进行统一品牌营销。利用媒介载体,把广播、电视、报纸等传统媒体与现代互联网、自媒体等进行全面整合,在人力、内容、宣传等方面,实现"资源通融、内容兼融、宣传互融、利益共融"的新型媒体宣传理念。加强双溪文化、双溪产业、双溪形象的媒体曝光频率,向外界公众讲述双溪故事和双溪发展历程。以发展为前提,以扬优为手段,以共富为目标,把传统媒体与新媒体的优势发挥到极致,使单一媒体的竞争力变为多媒体共同的竞争力。

(五)通力共富协作,深化山海对接

山海协作工程是习近平同志在浙江工作期间作出的重大战略决策,一以贯之深入实施山海协作,支持山区 26 县到浙江省内发达地区投资建设产业、科创、消薄(消除集体经济薄弱村)三类"飞地",有助于推动浙江成为区域发展最为协调的省份之一。余杭和柯城成为全省最早一批山海协作结对区县。2018年两区又率先在浙江省签订山海协作升级版协议。"智多张西"一期项目就是在余杭和柯城对接合作的成果。2021 年,临平—柯城山海协作联席会议的召开,标志着山海协作主体的扩大,目前临平与双溪村也建立了山海协作关系。立足既有的合作基础,全方位携手,共担共富使命,着力提升产业协作水平,着

力建好协作发展平台，推动农旅融合发展，互派干部挂职，构建协同发展新格局。

五、山区县共富发展的对策和建议

（一）推动现代企业管理制度与集体经济有机融合

集体经济作为农村经济体系最具创新力的新型经济成分，为探索农民股份制改革提供了载体。现代企业制度下的公司运营和管理机制为共同富裕示范区的建设提供了新的思路。现代企业管理制度与集体经济有机融合催生了村集体公司运营的多种模式，如全员股份制、"村集体＋公司"合作股份制、"公司＋农户"分类股份制等。在共富发展路径中，要结合资源禀赋特点选择适合本村情况的运营管理制度，合理处理外源企业与村集体、当地村民共同利益关系，形成风险共担、利益共享的利益分配模式。用企业经营思维和理念管理集体经济，积累管理经验，重视产品研发，建立规范的村集体企业制度、树立良好的品牌和旅游形象，最终目的是扩大收益农民群体，增加就业机会，提高村民收入水平。

（二）应用共享模式盘活闲置房产整合优质民宿

浙江省山区县大多风光秀丽，山水旅游资源丰富，历史文化悠久，农旅融合产业对经济发展贡献很大。当前山区县各地兴建民宿，整体服务质量差别较大，普遍存在淡季生意萧条、旺季服务能力不足的情况。为规范民宿管理，调节供需失衡情况，可采用共享模式整合优质民宿供需。盘活村民闲置房屋，突出各村特色，打造不同主题的民宿修缮院落、车库、阳台、卧室、餐厅、厨房等，规划建设村中道路、绿化设施、停车场、游步道等，提升周边环境和基础配套。在旅游旺季通过共享模式，拿出村民自家符合民宿标准的房屋，满足短期游客住宿需求。在旅游淡季，提前规划面向中、长期旅居体验需求，采取预订方式，拓展客源市场，调节供需失衡。

(三)引导共富产业向高新制造领域拓展

在已有共富文旅产业的基础上,积极引导拓宽产业宽度。依据《衢州高质量发展建设四省边际共同富裕示范区行动计划(2021—2025年)》坚持"产业为王、工业强市",将制造业、实体经济作为产业拓展的方向。结合柯城区的产业发展规划,将双溪村农文旅融合产业向运动健康产业转型,结合双溪村、大源山村的传统农特产品,筹划食品精深加工制造项目,形成区域经济发展多产业支撑格局。围绕"产业生态化、生态产业化",推进产业块状布点、有形布局,逐步建设具有特色竞争力的产业体系。推进重大产业项目招商,鼓励新乡贤助推产业发展,搭建新乡贤回归投资兴业的更大平台,助力四省边际共同富裕示范区建设项目,有效带动乡村共同富裕。

(四)探索完善多层次分配方式缩小收入差距

分配性问题日益成为共同富裕发展的关键,做好三次分配有助于缩小收入差距。面对新形势山区村共同富裕建设的需要,集体经济的功能已经不再局限于致富,也体现在地方经济发展的"聚合—分配"职能。初次分配是最开始的一轮财富分配,需按照市场效率原则进行分配,即多劳多得,按不同要素贡献获得相应收入。如外来企业多是通过租赁、托管、合作等方式进入乡村旅游开发领域,获得乡村资源的经营权,村民则获得租金和就业薪酬和股份分红。再分配是在初次分配的基础上,由政府按照兼顾公平和效率的原则,通过税收、社会保障进行再分配。其中,与民生相关的教育、养老、医疗问题是做好二次分配的重点内容,也是共同富裕示范区建设的重点。三次分配的主体主要体现在两个方面,一是鼓励责任感较强的企业在社会中发挥作用,二是鼓励公民个人参与社会,帮助社会,靠道德和自发行为进行分配,结合区域发展情况,基于浙江省民营经济发展的良好基础,大力倡导企业、民营企业家和新乡贤为家乡共同富裕助力献策。

政企村协同共富模式

发挥资本下乡积极作用，
打造未来乡村建设"同弓模式"

——常山县同弓乡同心未来乡村建设实践

摘要:同弓乡生态条件优越,是全国环境优美乡、省级生态示范乡、国家卫生乡镇、省级白鹭保护区、全国百佳乡村旅游目的地。域内"金色同弓"田园综合体是省级田园综合体示范项目,也是全国全域土地综合整治和生态修复试点项目。

常山同弓乡同心未来乡村依托国家级试点全域土地综合整治项目和省级示范金色同弓田园综合体项目,盘活利用"沉睡"资源,重构土地利用新格局,在发展美丽乡村的同时,通过打好"资源""产业""文旅"三张牌,逐步实现"农区变景区、农品变礼品、资源变资本、资金变股金、农房变客房、农民变股民",摸索出一套实现经济效益、社会效益和生态效益"三丰收"的同弓模式。从同弓共同富裕建设模式得到推动农业一二三产融合发展培育产业优势、鼓励工商资本下乡、因地制宜盘活闲置资源、坚持绿色生态理念是实现乡村共富的重要手段的启示。最后从基层党建、数字赋能提升政企村合作效率、加快道路等基础设施建设提升未来乡村配套水平、培育乡村产业拓宽农民收入来源、吸引年轻人返乡创业、增强发展内生动力、深化农产品产供销一体化发展等方面提出同弓发展的对策建议。

关键词:工商资本下乡;共同富裕;土地全域整治;同弓模式

一、背景情况

同心未来乡村位于常山县同弓乡同弓山片区,距离县城约 7 千米,核心建设区为同心村和同弓山两个村,项目实施范围 0.094 平方千米。同心村位于同弓乡南侧 2 千米处,距县城 11 千米,村域面积 4.9 平方千米。2019 年村集体经营性收入 20 万元。全村共有农户 539 户,总人口 1516 人,产业以农业和种植业为主。同弓山村位于同弓乡西南部,距乡政府 2 千米。全村现有 213 户,人口 578 人。2019 年村集体年经营收入 18 万,2021 年以前以全农业结构(种植水稻、蔬菜)为主(图 15)。

同心村和同弓山村环境优美,土地资源丰富,但经济结构单一,田地分布零散,导致青壮年普遍外出打工寻找发展机会,使得许多田地闲置,无人耕种,抛荒率较高。村集体经济薄弱,老龄化和空村化日益严重,使得当地政府和人民都迫切希望找到改变现状的突破点。

2021 年 6 月,中共中央、国务院《关于支持浙江高质量发展建设共同富裕

图 15　同弓乡同心未来乡村——晒秋文化节

示范区的意见》发布，赋予浙江重要示范改革任务，先行先试、作出示范，为全国推动共同富裕提供省域范例。2021年9月，常山县被明确列为浙江省26个共同富裕示范区之一。为进一步落实共同富裕示范区建设，常山县在同弓乡同心未来乡村的莲心湾乡村乐园，举行了同弓乡"共同富裕示范单元"创建启动仪式。

同弓乡共同富裕示范单元启动后，将依托金色田园综合体项目，通过农民参与、企业投入、政府调控机制，融合"旅游＋""＋旅游"理念，围绕场景设计、人文涵养、素质提升、技能培训等，着力打造莲荷产业、稻米产业以及农业主题灯光秀、户外运动休闲、田园游艺、创意餐饮、常山土特产市集的新型园区，实现人民群众物质生活和精神生活共同富裕。

常山同弓乡依托全域土地综合整治项目，盘活利用"沉睡"资源，重构土地利用新格局，在发展美丽乡村的同时，解决"人、地、钱"这个突出的"三农"问题，通过打好"资源""产业""文旅"三张牌，逐步实现"农区变景区、农品变礼品、资源变资本、资金变股金、农房变客房、农民变股民"，摸索出一套实现经济效益、社会效益和生态效益"三丰收"的同弓模式。

同心未来乡村充分结合当地资源禀赋、人文历史、产业特色，高标准高品质推进田园综合体建设，推动生产、生活、生态有机统一，让荒地变资源、让农区变景区、让农房变客房，多业态融合、多元化发展，以"同弓同心共富裕 乡愁乡情享未来"为发展理念，打造常山县最浪漫的田园型未来乡村，打造衢州市智慧农业引领乡村振兴实践区，打造浙江省最融合的新时代乡村共同富裕示范区。

二、发展现状

(一)通过全域整治，实现整个同弓的人文、风景、治理全面优化、全面提升

随着同弓乡全域土地综合整治二期项目的完成，共整理了4400余亩土地，包含同心村、官庄桥村、中和村、同弓山村和胡村5个村。这对提高耕地质量、

改善生产条件、促进农业增产和农民增收具有重大作用。

（二）村集体经济获得了较大的发展

同弓乡依托全域土地综合整治项目，引进浙江绿投集团，一手抓整治，一手抓发展，打造金色同弓田园综合体。两个项目总规划面积 2.9 万亩、总投资 25.8 亿元，土地一次性流转 30 年，并通过以商招商，引进富强生态养殖园、莲心湾创意农业、湘野农庄等 15 个农文旅融合项目。该模式带动全乡 8 个行政村村集体经营性收入突破 30 万元，农民人均可支配收入增长 20％以上，实现了"引进一个主体、带来一批项目、美丽一片乡村、富裕一方百姓"。

依托"土地整治＋"模式，使各村在全域土地整治中收入土地租金、管理费 15—25 万元不等，其余一次性收入总计可达 700 万元。同心村与常山绿色大地生态农业开发有限公司签约合作，共建 400 亩荷虾混养项目——莲心湾，企业占股 51％、村集体占股 49％，自此"土地变资源，农民变股民"。2019 年村集体经营性收入 20 万元，2020 年村集体经济收入 50 余万元。2021 年村集体经营性收入 80.2 万元。

在同弓山村，村里抓住全域土地综合整治的机遇，流转 1000 多亩土地，打造民宿、农耕园、休闲停车场等项目。村经济 2021 年以前以全农业结构（种植水稻、蔬菜）为主，2021 年后形成农业（农业公园）＋旅游（AAA 级景区村）的多元产业结构。2019 年村集体年经营收入 18 万；2020 年村集体年经营收入 30 万；2021 年村集体年经营收入 50 万。

（三）农民增收致富效果显著

村集体抱团入股投资特色种养殖产业，实现互利共赢，为当地创造 300 多个就业岗位，农民不仅有财产性收入（租金和分红），还有工资性收入。同时，项目投资的深入，吸引游客 10 多万人，带动了乡村休闲旅游，农户通过经营农家乐和民宿等途径实现增收致富。

2021 年，同弓山村吸引新乡贤返乡创业 3 位，其中，乡贤黄勇在村修建 5 幢农民闲置房开民宿，其中有白金宿一处；另有 4 户在家农民在家自主创业开起了民宿、农家乐。同弓山村村民人均可支配收入 2019 年 25220 元、2020 年 31450 元、2021 年 33812 元，增收效果明显。

三、主要做法及成效

同弓乡同心未来乡村建设以政企村携手合作为主要抓手，通过政府搭台，企业唱戏，依托"土地整治＋"，盘活利用农村"沉睡"资源，重构乡村土地利用新格局，带动产业融合发展，让企业、村集体、农户三方共赢。

（一）政府搭台——创造优质的软硬件投资环境

同弓乡全域土地综合整治项目被列为国家级全域土地综合整治试点项目，全域土地综合整治项目覆盖全乡，涉及土地整治总面积约 9000 亩，预算总投资 11.3 亿元。全域土地综合整治好了，乡村未来有了发展方向。同弓乡以"田园生活"为大背景，加强基础设施、产业支撑、环境风貌建设。

1. 积极推进全域土地整治，打造良好的基础设施。同弓乡对"田、水、路、林、渠"进行统一规划，形成"田成方、路相通、渠相连"的土地布局，以促进农业规模化、机械化生产，为田园综合体的整体建设提供了现实基础。

2. 做好"土地整治＋"文章，积极谋划项目。在推进全域土地综合整治中，同弓乡注重做好"土地整治＋"文章，建设金色同弓田园综合体项目，实施河道生态整治、村庄美化改造，并建设创意农业公园、农贸市场等一系列子项目。

目前，包括莲心湾在内的 46 个项目正在同步推进中。同时，同弓乡还以共同富裕为目标，规划设计创业服务中心、农产品销售平台、创意民宿等项目，在提升全乡生态环境的基础上带动村民致富增收。

3. 规划先行，打造未来乡村品牌。聚焦"同弓同心同富裕"未来乡村品牌，按照未来乡村标准，不断深化"三化九场景"内核，实现从"大写意"向"工笔画"转变。

4. 大力开展农民培训。开展农民培训就业全过程服务，促进农民就地就近就业，持续发展来料加工，支持利用闲置农房等拓展来料加工场地空间，优先为低收入农户安排公益性岗位，确保有劳动能力、有劳动意愿的低收入农户均能实现就业。目前,村民主要承接纺纱和鲜豆加工等来料加工业务,户均增加年收入五六万元。

(二)企业唱戏——打造未来乡村新样板

近年来,同弓乡引入一个个新项目落户,资金和人才的引入,激活了同弓的土地运转、产业运作、经济发展。其中,由浙江绿投集团投资建设的"金色同弓田园综合体"尤为瞩目。该项目被评为 2019 年浙江省十大田园综合体,总投资 25.8 亿元人民币,目标是通过全域土地整治、美丽乡村建设,打造生态、生产、生活相统一,第一、第二、第三产业深度融合,农业、文化、康养、研学、旅游"五位一体"的乡村发展模式,为全国农业农村体制改革和乡村振兴战略创造可持续、可复制、可推广的样板模式。

该项目建设期间,受到了浙江省领导的高度重视。多位领导先后到金色同弓田园综合体考察调研,并给予充分的肯定。

1. 生态导向,统一规划。金色同弓田园综合体,规划总面积 2.9 万亩,涵盖了同弓乡总面积的 35%,以现代农业为根本,集休闲旅游、田园社区、三生研学为一体。综合体将打造以龙绕溪、水库水塘、白鹭、古树为生态基础,以农林渔草种养业及加工、康养、农旅融合为产业基础,以人民健康为目标,以美丽田园为特色的浙西乡村体验式"五福"康养旅居目的地。

2. 积极参与美丽乡村建设,提升乡村风貌。以美丽乡村建设为基本点,坚持让农村美起来的理念,项目充分发挥其在观赏植物研发与生产、园林设计、观光农业开发等方面的专业背景,努力提升乡村道路面貌、村庄道沿景观,打造美丽乡村。目前 513 县道及核心区两侧的绿化带建设已基本完成;在保护同弓山村等传统古村落的基础之上进一步完善村庄道路、水系、基础配套设施,按照修旧如旧的原则,提升乡村整体文化形象,对古村落进行合理保护、利用开发,实现乡村人居环境及其面貌全面提升。

3. 因地制宜,建设同心村荷虾混养基地。遵循"因地制宜,因时制宜,因物制宜"原则,根据低洼低田的地理特征,通过田间经营道路、田埂改造及水利基础设施修缮,变水患为水利,组建同心村荷虾混养基地,荷田的自然环境为鱼虾提供良好的栖息环境，而鱼虾的排泄物为荷田增加有机肥料，从而实现良性循环；采用轮作或间作等方式种植农作物，改变土壤特性，最大限度减少病虫害和农药化肥的使用，保持土壤的长期生产力。

4. 建设金色同弓智能玻璃温室。智能玻璃温室面积超过 2700 平方米，在农业生产中引进了大数据和智能化管理，为农业生产提供精准化种植、可视化管理、智能化决策。同时部分实施智能机器人代替人的农业劳作，以提供对自然环境风险的应对能力，促进农业的规模化、集约化发展。这里还将成为青少年智慧农业的启蒙和体验场所。

5. 大力发展特色创意"四好农业"。金色同弓田园综合体致力于将传统的"体力型农业"向"智慧型、娱乐型、审美型、参与体验型"的创意农业改变。

（1）好看农业。项目对季相植物进行科学配置，"春有樱花漫天舞，夏有莲叶无穷碧，秋有枫叶红似红，冬有海棠满庭芳"，打造出一条形态各异、错落有致的流动景观线，做到四季皆有景，处处皆为景。比如，大力推动荷花产业的发展，以建立国际荷花展示中心为目标，引入多品种荷花，花期可延长至 6 个月，呈现"采莲南塘秋，莲花过人头"的美景。

（2）好吃农业。好吃不仅仅是味觉上的享受，更体现了现代人对健康的追求。规模化种植有机水稻、有机蔬菜、精品胡柚等绿色农产品；通过生态种养系统，提供了小龙虾、泥鳅、黄鳝、鳖等富含高蛋白的优质的水产品；延伸食品加工产业链，将有机农产品通过生物发酵，拓展至食品、饮料开发，并建立面积达100 亩的酵素健康产业园。

（3）好玩农业。田园综合体的魅力不只是观赏一下田园风光，吃一顿"农家乐"，更重要的是通过参与农耕活动，建立人与人之间、人与自然之间美好和谐的关系。

首先，建立科普基地，"玩中学，学中玩"。我们打造稀有动植物观赏基地和稀有动植物科普教育基地，孩子们通过观察花草虫鱼，亲近大自然；可以在专业人士的指导下，在农事体验区，参与春种秋收，体验劳作的辛苦，感受万物的生长，享受收获的喜悦，方能明了什么是"一粥一饭来之不易，半丝半缕物力维艰"。"最喜小儿无赖，溪头卧剥莲蓬"，田园更应该是孩子们的乐园。

其次,加强健身体验。设计贯穿整个同弓乡的山地自行车骑行路线和徒步旅行路线,将城市人的户外健身与优美的田园风光、传统村落的文化要素相互融合。

最后,开发农事体验项目,如果园采摘、荷塘垂钓、摸泥鳅等,以满足不同类型、不同年龄层次游客的实际需求。

(4)好养农业。中国人的养生哲学是以自然之道养健康之身。金色同弓借助绿水青山的自然环境,以农耕文化为底蕴,形成以"慢"为核心的老年疗养社区。同时推出以龟为主打产品的特色健康养生商品和养生餐饮,建立食疗养生研究院,人、自然、文化三位一体,实现农业、文化、自然的和谐统一。

(三)村集体(农户)参与——实现共同富裕愿景

在同心未来乡村的建设过程中,政府规划先行,企业积极参与,促进当地经济发展的同时,也为当地村集体和村民带来了可观的收益。

1. 景区化发展美丽乡村,农区变景区。同弓山村以列入浙江省首批历史文化村落保护利用重点村为契机,投资 1600 多万元,进行了徐氏宗祠修缮、掬水古街修复、古树群保护等 10 多个项目,旨在打造"民居如景、村景如画"的美丽乡村。同时,村里还抓住全域土地综合整治的机遇,流转 1000 多亩土地,打造民宿、农耕园、休闲停车场等项目。

2. 村集体土地入股,土地变资源,农民变股民。村集体统一流转土地,打包与公司签约合作,并占有股份,农户不仅有租金收入,还有分红收入。同弓乡通过土地流转、集体土地入股投资特色农业产业等方式为每个村每年实现土地租金收入 700 万元,财产性收入 1000 万元以上。村集体抱团入股投资特色种养殖产业,实现互利共赢,为当地创造 300 多个就业岗位。正如同心村村民樊火青说道:"以前我家的地是租给别人种草皮的,租金少、不稳定,现在村集体统一流转给企业,既能收租又能分红。"

3. 村民就地发展农家乐和民宿,拓展收入来源。乡里将项目与乡村休闲旅游相结合,吸引游客 10 多万人。随着项目开发的深入和游客的增加,不仅增加了当地农民就近就业机会,也带动了当地农家乐和民宿的发展,农房变客房,让农民在家也可以赚钱。

四、经验启示

(一)推动农业第一、第二、第三产业融合发展，培育产业优势

同弓乡依托全域土地综合整治项目，引进浙江绿投集团，一手抓整治，一手抓发展，打造金色同弓田园综合体。金色同弓田园综合体坚持生态农业理念，延伸农业产业链，提高农业附加值；发挥农业多功能性，依托农耕文化，开发研学和养老产业，促进农业第一、第二、第三产业融合发展。

项目通过建立科普基地、设计骑行路线和开发农事体验项目等，吸引游客，带动农家乐和民宿的发展。通过参与农耕活动，建立人与人之间、人与自然之间美好和谐的关系。"玩中学，学中玩"，让田园成为孩子们的乐园。借助绿水青山的自然环境，以农耕文化为底蕴，形成以"慢"为核心的老年疗养社区。

(二)鼓励工商资本下乡，致力于美丽乡村建设

浙江绿投集团董事长俞张富表示，集团将继续秉承和积极响应党中央关于实施乡村振兴战略和高质量发展建设共同富裕示范区的号召，努力探索企业改革创新道路，布局旅游规划、景观设计、市政建设、园林施工、绿地养护、生态农业、投融资服务等板块，全力投身到更多的美丽乡村建设和乡村振兴项目当中，作出"绿投"贡献。

常山绿色大地生态农业开发有限公司，浙江绿投集团的全资子公司，瞄准了乡村振兴战略带来的时代机遇，在常山县委、县政府的强力支持下，在同弓乡党委和政府的全力配合下，常山金色同弓田园体综合项目应运而生。

金色同弓田园综合体围绕建设"活力新衢州、美丽大花园"的战略目标，以"田园生活"为大背景，加强基础设施、产业支撑、环境风貌建设。项目建设主体分为土地整治和综合体建设两部分。

(三)因地制宜，盘活闲置资源

为了让土地发挥最大效益，通过土地整治，土地连片经营成为可能。最典

型的是莲心湾,一个拥有 400 多亩农田的荷虾混养项目。村里统一整治村里的碎片土地和抛荒土地,统一打包流转给常山绿色大地生态农业开发有限公司,由公司统一设计开发而成。

目前,该项目占地超 432 亩,栽种 200 余种莲花,养殖小龙虾、稻鱼、泥鳅等水产,还有多种体验和运动设施。村民不仅能实现生产门口化,还能体验莲心湾带来的娱乐休闲服务。

(四)坚持绿色生态理念,促进可持续发展

坚持生态和可持续发展理念,发展生态循环农业,变绿水青山为金山银山。在同心未来乡村核心区内的同心村荷虾混养基地,以荷田的自然环境,为鱼虾提供良好的栖息环境,而鱼虾的排泄物为荷田增加有机肥料,从而实现良性循环;采用轮作或间作等方式种植农作物,改变土壤特性,最大限度减少病虫害和农药化肥的使用,保持土壤的长期生产力。

五、挑战及对策建议

同弓乡生态条件优越,先后被命名为全国环境优美乡、省级生态示范乡、国家卫生乡镇、省级白鹭保护区、全国百佳乡村旅游目的地。域内"金色同弓"田园综合体是省级田园综合体示范项目,也是全国全域土地综合整治和生态修复试点项目。但同弓乡依然面临着基础设施欠缺、产业基础薄弱、人口老龄化严重、年轻人少、返乡创业不多等现实问题。

(一)基层党建、数字赋能,提升政企村合作效率

从政府和企业两个方面齐头并进,提升数字治理水平,加快项目建设进度,奋力描绘出农业强、农村美、农民富的未来乡村美丽画卷。

政府提高服务水平,持续支持企业项目和乡村建设。其中,企业的投资起着至关重要的作用。从某种意义上讲,在同心未来乡村建设过程中,企业的持续投资是同心未来乡村建设的关键。

（二）加快道路等基础设施建设，提升未来乡村配套水平

目前，同弓乡只有 513 县道贯穿而入，距离高速路口较远，交通便捷度较低。适当地考虑在同弓乡周边合适区域增设高速服务站，开通一个高速出入口，增加同弓乡的交通通达性。同时，同心未来乡村配套基础设施亟待改造提升。如 513 县道至同心村主入口间主干道及亮化改造提升、同弓山村数字化主停车场提升，以及湿地公园打造等。

（三）培育乡村产业，拓宽农民收入来源

借助同心未来乡村建设契机，构建农村新兴产业体系，积极谋划市场前景好、经济效益高、群众能参与、发展空间大的乡村产业。通过"村集体主导＋'两山银行'介入＋主体引入＋产业导入"，深入推进土地集中连片流转，探索土地确权不确地等做法，加大对各类主体规模流转抛荒地、山垅田、边角地的政策支持力度，提升农民财产净收入水平。构建"村集体＋'两山银行'"模式，积极开展宅基地和农房盘活利用。

（四）吸引年轻人返乡创业，增强发展内生动力

金色同弓田园综合体项目建设，带动了当地文旅产业发展，也带动了当地的农产品销售和个体经营机会。尽快出台切实可行的创业政策，推动农民工、大学生返乡创业。鼓励乡村休闲旅游创业，积极培育"高端精品民宿引领、以中低端农家乐为主、村集体和农户利益链接"的民宿集聚村。

（五）深化农产品加工，加快农产品产销一体化发展

聚焦"同弓同心同富裕"未来乡村品牌，加大同心未来乡村的宣传，深化农产品加工，实现从加工到销售的一体化，减少供应链流程，进一步实现产品价值最大化，使乡村企业及农户获取更多的利润。

村企合作 文旅融合 整村打造 古村新生

——常山县东案乡金源村乡村建设实践

摘要：金源村是位于常山县东案乡西北部的千年古村，历史悠久，环境优美，"进士文化"久负盛名，文旅资源丰富独特。一直以来，金源村文旅资源未能得到充分开发，文旅产业发展也面临着"农家乐"服务偏低端、"民宿"客源偏小众、"景区村"有景无人赏的瓶颈。金源村积极贯彻"绿水青山就是金山银山"理念，创新提出"旅行社＋景区村"的"金源模式"，村企紧密合作，文旅深度融合，依托旅行社的专业运营能力与客源优势，首创"村企合作、客源兜底、整村接待、管家服务"模式，实行规划、设计、品牌、标准、管理、采购、营销、线路、调度"九个统一"，激活沉睡文旅资源，盘活农村闲置农房，全面提升金源村貌，激发乡村文化活力，促进乡村产业升级，共推乡村治理工作，使千年古村焕发出新的生命力，走出了一条文旅融合促进共同富裕的特色道路，实现了经济效益、环境效益与文化效益的协调统一，入选首批"浙江省文化和旅游促进共同富裕最佳实践案例"。

关键词：文旅融合；产业升级；共同富裕

一、背景情况

金源村,位于东案乡西北部,原金源乡政府所在地,距离常山县城 20 千米,面积 10 平方千米,下辖 4 个网格(高角、底角、外宅、后宅),总人口近 2400 人。文化资源丰富独特,2011 年被评为省级文物保护单位,2018 年被评为省级美丽宜居示范村、省级书法村、国家级传统村落,2019 年被评为省 AAA 级景区村(图 16)。

渠水脉脉,流经千年无语;文风悠悠,世代相承不息。

金源村兴起于北宋宣和年间,历史文化底蕴深厚,是首批中国传统古村落、省级书法村。村民多为王姓,王氏家族为常山望族,一门九进士,四代显赫,享"一门九进士,历朝笏满床"美誉。王氏贤良宗祠始建于北宋宣和七年(1125),清同治五年(1866)、1936 年两次重修,为市级文物保护单位。村内世美坊也建

图 16　金源村村貌

于宋代,是衢州最早的牌坊,明嘉靖十七年(1538)重建,牌坊高 6.3 米,柱间跨距 4 米,牌坊上刻有楷书"世美"二字,系宋朝王氏家族九进士的榜文牌坊。宗祠牌楼,见证了上源王氏家族八百年的历史。

古木成荫,清溪清澈见底;粉墙黛瓦,小桥流水人家。

金源村生态环境优美,旅游资源丰富。背靠梅树底"天然氧吧",空气质量优良率达 99.8%,流淌全域的金源溪水质达到Ⅱ类水标准。古老住宅散落山麓,隐身林间,祠堂牌坊错落其中,浓绿黑白掩映,散发出浓郁的文化气息和园林情趣。

民风淳朴,静享山水之美;美食鲜辣,细品文化之味。

常山素来有"浙江鲜辣美食之乡"美誉,常山美食凸显鲜辣,源远流长,金源也不例外。著名的章舍金瓜酱,相传就与金源进士王介有关,其在南瓜丰收年份腌制,清脆可口,唇齿留香,成为下酒赠客的佳品,在山村里流传开来,代代相承。以辣为底、以鲜为质,是江南水乡一抹独特的文化底色。

醇美天然的生态环境,悠远深厚的人文积淀,古色古香的宗祠牌楼,久负盛名的"进士文化"和极具特色的鲜辣美食,共同构成了金源村丰富独特的文旅资源。可是,对于祖祖辈辈居住在这里的村民而言,宗祠家庙只是对祖先哀思的寄托,牌楼老宅也仅象征着旧日的荣光,金源村的文旅资源并未得到充分开发,文旅产业发展也面临着"农家乐"服务偏低端、"民宿"客源偏小众、"景区村"有景无人赏的瓶颈。直至金源村创新提出"旅行社＋景区村"的"金源模式",村企紧密合作,文旅深度融合,全力打造"腾云·现代旅游根据地"项目,这些沉睡的文旅资源才大放异彩,使千年古村焕发新的生命力,成为助推乡村振兴、促进共同富裕的重要基石。

二、发展现状

"金源模式"由"腾云·现代旅游根据地"项目衍生而来,通过金源村与衢州市腾云文化旅游发展有限公司(由衢州最具实力的 32 家旅行社联合成立)紧密合作,立足金源村自身文旅资源特色,整村打造金源古村景观,建设"腾云·现代旅游根据地金源站",依托旅行社的专业运营能力,盘活农村闲置农房,首创"村企合作、客源兜底、整村接待、管家服务"模式,实行规划、设计、品牌、标准、管理、采购、营销、线路、调度"九个统一",在衢州市乃至更广的范围形成可复制、可推广的文旅农融合新模式,成为新常态下拉动经济内循环的新引擎。

"腾云·现代旅游根据地金源站"项目计划在东案乡金源村改造民居50幢,新增床位400个,打造一处约1500平方米的庭院式古建筑高端民宿集群和集康养、餐饮、购物、娱乐、研学、培训、夏令营、团建、党建等功能于一体的游客集散中心,拟投资6070万元。项目由旅行社实施客源兜底,预计每年为金源村输送游客12万人次,其中住宿6万人次,预计可实现村集体增收50万元,村民创利1000万元。

目前已完成第一期工程,改造闲置民居21幢,可提供床位182张。自2020年8月20日开业以来,已吸引游客7.5万人次,总收入490万元,带动就业和农产品销售100余万元,吸收低收入农户担任管家15人。

三、主要做法及成效

(一)强强联合,优势互补,激活沉睡文旅资源

金源村创新提出"旅行社+景区村"模式,使自身文旅资源与专业运营团队紧密结合,实现优势互补,强强联合,使古村焕发新生。

乡贤带资,强势返乡。周建明是金源村乡贤,长期从事旅游和景观石贸易,他对金源村的地理位置、自然风光以及人文景观的优势非常了解,十分看好金源村未来的发展前景。在周建明带领下,衢州最具实力的传统旅行社抱团转型成立腾云文化旅游发展有限公司,集合了衢州市领先的旅行社团队资源,与金源村开展深度合作。

盘活空屋,整村打造。金源村通过引入专业公司,盘活农村闲置房屋,以"公司+村集体+农户"的合作模式整村打造。村集体所有的16幢古民居和村民闲置空房出租给腾云公司,由腾云公司统一设计、装修、经营和管理,村集体

和农户可选择出租获取租金或合作经营分红两种方式参与民宿。目前,全村摸排出 380 余户有出租闲置房屋意向的农户,一期与 31 户签订合作协议,大部分农户选择相对稳定的收房租模式。

客源兜底,专业管理。腾云公司旗下旅游公司为民宿客源兜底,并进行专业化管理,在上海、杭州等重要的客源地开拓市场,为金源古村落"吃喝"引流,按照旅游根据地及周边景区服务承载能力,全年不间断输送客源,民宿主人在家"坐等客来",更加专注于服务品质提升。跟随文旅市场发展的新趋势,不断拓展客流空间,延伸自驾游、团队游、疗休养等,推出根据游客喜好的"量身定制游",打造针对不同群体的多系列接待选择,破解了"景区村无人赏"的难题,大幅提升接待能力和旅游体验,以民宿作为中心节点,从食、宿、行等多个方面构建完整的生态文旅闭环。

民宿管家,精准服务。旅游公司同步吸纳本村劳动力(以留守妇女为主)为民宿管家,配合做好游客与入住农户家的对接工作。为方便管家提供更精准的服务,优先考虑出租户为自家管家,形成主客共享的乡村旅游新氛围。目前腾云公司已聘请 15 位村民为管家,月均收入达 4500 元每人。

品牌提升,多方共赢。2020 年 4 月,金源村入选"第六批浙江省历史文化名镇名村街区名单";2021 年 12 月,获评省级"一村万树"示范村;2022 年 1 月,入选第二批省级职工疗休养基地。乡村知名度不断提升,居民收入不断提高,农民人均可支配收入从 2020 年的 27855 元上升至 36205 元,最低生活保障从 2020 年的 10200 元上升至 10920 元。周建明也成为衢州唯一入选文化和旅游部公布 2021 年度乡村文化和旅游能人的个人。

在常山县东案乡党委书记汪慧建看来,探索金源村文旅融合发展新路径,将"沉睡的资源"转化为村庄再生旅游资源,使东案文旅融合发展之路可复制可推广,未来可期!

(二)顺时而动,整村塑造,全面提升金源村貌

金源村充分利用上级政策支持,大力优化基础环境,引入专业设计团队,整体设计整村塑造,全面提升金源村貌。

专项行动,优化环境。通过开展"五水共治""古村落保护""厕所革命""美丽乡村建设"等一系列专项行动,清理河道溪流,修缮贤良宗祠,新建旅游厕所,建设公园、停车场,全面提升基础设施。利用东案乡配套资金,建起景观堰坝,对村庄环境进行绿化、美化、亮化。落细落实农村生活垃圾分类工作,通过垃圾分类倡议书、宣传册等提升垃圾分类参与率、准确率,全村垃圾分类收集覆盖率近 100%。完成 3000 米游步道景观提升、37 栋古建古民居亮化工程,绘制 1200 多平方米文化墙,优化村内纵横空间布局。一系列组合拳下来,金源村的戏台、游步道、体育设施、各个自然村公厕、环村道路建设等配套设施逐步丰富,基础环境得到全面优化。

挖掘特色,专业设计。金源村坚持旅游业高品质提升、高质量发展,全力提升村域内的景观质量、服务水平,不断挖掘地域特色文化资源。以"宋代古风的画里乡村、贤良文化的研学走廊、放松身心的康养福地"为定位,结合省级"微改造、精提升"工作,按国家 AAAA 景区的标准整村打造。委托中国美院设计方案,重点对王氏宗祠、一字古街、后山溪、金源溪沿线等区块开展提升,从环境整治、文化植入、业态布局方面多维度重塑金源风貌。

注重细节,景村一体。金源村注重品质,在微小细节处体现精致度,打卡点设计避免雷同,风格融入古村意境。将村民闲置房屋改造利用,建成集红色研学游与党建活动于一体的本土纪念馆,立体展现党史历程和东案乡红色革命过往。提升金源溪沿线农房外立面,营造气质鲜明的宋代古村风貌。以"八个一"为抓手,将社会主义核心价值观融入村民生活,引导督促村民保持庭院美观整洁。截至目前,金源村共打造古典特色微庭院 48 个,如宋韵小院、菜园小院、书香小院、红色小院等,将历史素材、人文典故融合到庭院景观设计中,真正实现"景在村中,村融景中,人居画中"。

(三)文化赋能,打造 IP,激发乡村文化活力

金源村文化内核与"打造以宋韵文化为代表的浙江历史文化金名片"高度契合,通过宋代文化小镇建设,丰富其文化内涵和旅游体验,与旅游根据地发展形成良性互补,借金源旅游根据地的人气流量打造东案文旅 IP,促使单一古村

落向文旅融合村庄转型。

宋代文化,进士 IP。金源村将省级文保单位"王氏贤良宗祠"修缮,保留并弘扬地域特色进士文化,还原科举制场所,为研学提供实体化素材;以"王氏一门九进士"为历史底本,立体展示王氏一族与王安石、米芾、苏轼等名人大家的交往渊源,树立宋风鲜明的贤良文化、进士文化系列 IP;常山县文旅局编排了一台古戏《王进士还乡》,演绎了九进士之一王一非得中进士,奉旨回乡省亲的故事。通过"一台大戏""一套丛书""一首村歌"等载体扩面金源宋代 IP 影响力,引流影视剧制作、古村"剧本杀"团队、高考祈福等群体,密织辐射带动网。

研学基地,武术盛会。常山县东案乡古韵金源宋代文化研学基地,已列入衢州市第二批中小学生研学实践教育基地。基地开设宋代进士文化、书法教学、少年武术、蛋雕非遗、传统婺剧表演等适合中小学生研学的实践课程,课间活动安排投壶、斗茶、点香等宋代传统文娱活动。2020 年 12 月 6 日,金源村成功举办 2020 年四省边际·浙江省武术之乡武术交流展演,吸引 4000 多人参加盛会,进一步为宋代文化古镇宣传造势。

文化礼堂,精神家园。金源村文化礼堂由当地地标贤良宗祠改建而成,总面积 1200 平方米。文化礼堂每周四定期举办书法活动,成为金源村独特的文化景观。金源村是浙江省书法村,一直有练习书法的浓厚氛围,村民经常聚在一起练字。如今有了文化礼堂,书法活动的开展更为便利,衢州市书协成员经常带领文艺小分队进行现场指导,更多村民参与进来,书法技巧更为精进,日子过得更加充实。每到周末,文化礼堂又办起了惠农政策、农技讲座,在闲暇时光,村民也可以在礼堂观看电影大片、本土大戏,上台表演乡村春晚……金源村已成为东案乡文化礼堂建设先行村,文化礼堂也成为金源村传承传统文化、弘扬主流价值观、丰富文体活动的精神家园。

全民参与,充满活力。与贤良宗祠内静雅的氛围不同,不远处的村中小广场上鼓乐齐鸣,台上服装统一的排舞队大婶们翩翩起舞,台下围观的大人与孩子或鼓掌或拍照,展现出蓬勃生机与活力。近年来,金源村陆续组建了书法协会、婺剧文艺队、老年协会唱戏团等群众文艺团队。每逢年节,村里有祭祖、婺剧表演、迎新春书法展等形式多样的文艺活动,村民踊跃参与,其乐融融。

（四）技能培训，集体致富，促进乡村产业升级

金源村"旅行社＋景区村"模式立足文旅资源开发，基于民宿集群形成效应，延伸产业链条，形成新型化、复合化的产业模式，充分利用闲置劳动力资源，带动村民增收。

管家培训，能力提升。将农民职业技能培训作为不断提升民宿管理和服务品质的主抓手，邀请专业老师授课，为村民提供民宿特色餐饮设计、民宿管家形象提升与优质服务、民宿生活美学等课程，增强村民职业技能，持证上岗，共带动 137 名当地村民就业，使 200 余名村民受益。不仅提升了劳动力素质，提高了景区服务质量，也带动了村民收入的增加。

流量增加，红利共享。游客量的充盈为家门口致富带来机会，2020 年为农户实现胡柚销售 24 万余斤、山茶油销售 1500 斤、笋干等农特产品销售额 5 万元，让全村村民共享文旅红利。村集体所有的 16 幢房屋统一打包给腾云公司打造经营，流转 200 亩抛荒地用于"共富农场"种植销售，推动村集体经济消薄增收。为梅树底 AAAA 景区及其他景区村同步输送客流 2 万多人次，实现农家乐餐饮、土特产销售、民俗户外体验等旅游要素之间客源资源共享。

链条延伸，产业升级。跟随文旅市场发展的新趋势，金源村还将发展乡村文化旅游、特色采摘、土特产销售产业，通过建设红色研学点，发展研学旅游产业；打造特色菜园子，提供采摘游等特色服务；建设"康养大食堂"，做好乡村旅游配套产品；扩大销售渠道，丰富游客体验，通过从食、宿、行等多个方面构建完整的生态文旅闭环，带动村民增收。有村民说："这个项目真是带动了我们村集体致富，大家在家里就把钱赚了。以前在外面打工的人，现在好多都愿意回来。"

（五）党建引领，数字改革，共推乡村治理工作

金源村坚持基层党建引领，不断加强"一带一引多服务"，积极探索数字改革，切实服务村民，共推乡村治理工作。

党建引领，党群连心。金源村坚持以党员志愿服务引领共同富裕建设，目

前有党员141人,已组建了50余人的志愿服务队伍。党员志愿者充分发挥先锋模范作用,带领群众开展疫情防控、环境整治等工作,带头为群众排忧解难、化解矛盾。同时,以"浙里党群心连心"为抓手,积极发挥"互联网＋党员志愿服务",完善党员志愿服务动态发布平台,及时发布党员志愿服务动态,动员更多力量参与到志愿服务中来,汇聚力量共推乡村治理工作,切实增加民生福祉。政务服务下沉比例65％,无差别受理事项数量100件。

数字改革,优化治理。以数字化改革牵引治理体系提升,设计应用场景,构建管理机制,导入智慧旅游、网格排名、一键申请等功能,创新适合本村民情需求的慢城通"金源版本"。发挥"头雁领航、群雁齐飞"的示范引领,通过两委包干、网格比拼、农户互赛等激发党员、村民等的能动性。

四、经验启示

(一)运营模式新

金源村立足"腾云·旅游根据地"项目,开创"品牌引领、联村联户、整村打造、管家服务、公司运营"新运营模式,破解自身运营能力不足、客源营销乏力困境,充分利用旅行社资源形成优势互补,释放文旅资源潜力;打破了旅行社市与县之间、县与县之间的行业地域限制和同业内耗,实现了区域内旅游业资源共享、市场共拓、优势互补、余缺调剂,催生了疫情之下旅行社企业抱团转型发展、赋能乡村旅游发展的新模式,取得良好效益,实现多方共赢。2021年列入省级"微改造、精提升"试点项目,荣获2021年衢州市政府业态模式创新奖。

(二)自身定位准

金源村认真践行"绿水青山就是金山银山"理念,从村情村貌出发,立足自然资源禀赋,牢牢把握文旅资源优势,深度挖掘以"进士文化"为基础的宋代IP,将自然景观与人文资源紧密结合,集中力量,整体打造,因势利导,避免了景观雷同和重复建设,实现了古建保护与改造开发、自然生态与人文历史、经济建设与精神文明的高度统一,形成了独具特色的产品定位,具有竞争优势。

(三)村民热情高

金源村做到了从村民切身利益出发,将景区文化景观开发与村民的居住环境改善、经济收入增加、生活品质提升以及精神文明发展紧密结合起来,避免了村集体与企业两头热、村民积极性不高的局面,呈现了村民喜闻乐见、踊跃参与、共同创造、共同获益的良好局面。

五、发展建议

(一)提升文旅配套设施

金源村应进一步争取上级政府与部门的支持,依托现有建设基础,按照更高标准,同步完善基础配套设施建设,因地制宜精细提升生态环境和文化氛围,加强客房的品质配套建设,进一步促进民宿经营服务和运营管理标准化,提升民宿的服务质量和水平,提高游客的舒适度与满意度。

(二)提升文旅品牌影响

在现有基础上,用好"古韵金源"市级中小学教育研学基地招牌,充分对接研学市场,讲好进士故事。筹谋一个能连年延续举办且具有金源辨识度的文旅活动,形成持续影响力,争取县级及以上层级文体活动,多维度宣传造势,提升文旅品牌知名度与美誉度。

(三)提升村企合作深度

金源村两委要与腾云公司互相配合,梳理村企双方进一步的需求意向,建立起整村合作的长效机制,成为利益共同体,推动村企要素互换、供求互补、联合发展,使村集体经济不断发展壮大,推动实现共建共赢共享,提升村民的幸福感与获得感。